没有责任心
哪来执行力

吕国荣　邹华英 ◎ 著

中国纺织出版社有限公司　国家一级出版社
全国百佳图书出版单位

内 容 提 要

任何企业的成功都是靠高效的执行力来保证的。执行力从哪里来？执行力源于责任心，责任心决定执行力。责任心是前提、是基础，执行力是保障、是关键。本书结合企业员工的工作实际，用大量生动翔实的案例，详细分析和阐述了一个人的责任心对做好工作的重要影响，深刻剖析了员工在工作中责任心不强、执行力不够的根本原因，并对如何增强员工责任心、提升执行力提出了切实可行的方法。本书适合企业员工阅读和使用，也可作为各类企业和组织机构的员工素质教育培训教材。

图书在版编目（CIP）数据

没有责任心，哪来执行力 / 吕国荣，邹华英著. ——北京：中国纺织出版社有限公司，2020.8（2025.5重印）
ISBN 978-7-5180-7544-7

Ⅰ.①没… Ⅱ.①吕… ②邹… Ⅲ.①企业管理 Ⅳ.①F272

中国版本图书馆CIP数据核字（2020）第108496号

策划编辑：于磊岚　　特约编辑：周馨蕾
责任校对：王蕙莹　　责任印制：储志伟

中国纺织出版社有限公司出版发行
地址：北京市朝阳区百子湾东里A407号楼　邮政编码：100124
销售电话：010—67004422　传真：010—87155801
http://www.c-textilep.com
E-mail: faxing@c-textilep.com
中国纺织出版社天猫旗舰店
官方微博 http://weibo.com/2119887771
北京虎彩文化传播有限公司印刷　各地新华书店经销
2020年8月第1版　2025年5月第3次印刷
开本：710×1000　1/16　印张：12.5
字数：122千字　定价：48.00元

凡购本书，如有缺页、倒页、脱页，由本社图书营销中心调换

前言

"责任心"一词对每个人来说都不陌生,我们几乎从生下来就陆续被父母、老师、领导不断地灌输"做人要有责任心"的道理。

那么,什么是责任心呢?责任心就是一个人对工作敢于负责、主动负责、自觉负责的态度。它是每个人都应该具有的一种基本素质,是一个人做好一件事情所必需的条件,更是做一个优秀的职业人必备的修养。

责任心在当今受到的重视程度超过任何一个历史时期。几乎所有的企业和组织在招聘员工时,都会写上"工作责任心强"这一条件,把有没有责任心当作招聘员工的一个重要标准。在职场中,"千金易得,拥有责任心的人才难得"几乎成为所有企业的共同心声。

微软是一家非常重视员工责任心培养的公司,他们在招聘员工时,通常会提一些问题,并以此来考查应聘者是不是具有责任心。正是基于这种做法,微软成就了一流的执行力,打造出了声名显赫、富可敌国的微软商业神话。

我们从事的每一份工作都意味着一份责任,一个人的责任心如何,决定着他在工作中的态度,决定着其工作的好坏和成败。如果一个人没有责任心,即便有再大的能耐,也不一定能做出好的成绩。

工作重在责任心,责任心是做好工作的第一要素,比任何能力都重要。因为有责任心的人,工作会很努力、很认真、很仔细,这样就可以确保工作少出错。

责任心对一个人的成功来说具有举足轻重的作用,是成功的必要条件。只有具有责任心的人,才能自觉履行岗位职责,知道自己该做什么、什么时候做、怎么做；只有具有责任心的人，才能心无旁骛地扑在工作上，自动自发地协助同事工作，维护公司荣誉；只有具有责任心的人，才能具有无往不胜的勇气和魄力，不断取得工作上的成功；只有具有责任心的人，才能千方百计地完成好任务，克服一切困难，创造优异成绩；只有具有责任心的人，才能具有坚忍不拔的毅力，不断地为企业经营目标的实现做出贡献；只有具有责任心的人，才能更从容地立足于社会，取得事业的成功，实现自我价值；只有具有责任心的人，才能真正把满足客户需求作为一切工作的核心；只有具有责任心的人，才能具备良好的工作态度，客观认识所处环境的人和事；只有具有责任心的人，才能与时俱进，不断提高。

有责任心的员工是企业的栋梁，由有责任心的员工组成的企业是最具竞争力的企业。一个企业，只有每个员工都意识到自己肩负的责任，这样的企业才能在日益激烈的市场竞争中傲然挺立于时代潮流，这样的企业才能在日益激烈的市场搏杀中立于不败之地。

在本书中，我们结合员工的工作实际，用大量生动翔实的案例，详细分析和阐述了责任心对一个人、一个企业成败的重要影响，以及一个员工在工作中如何做到有责任心。

本书从培养个人的责任心出发，以此提高整个组织的执行力。本书适合所有在职人员阅读，尤其适合作为企业内部员工和政府公职人员的培训用书。

作者

2020 年 3 月

第1章 员工的责任心是企业的核心竞争力

1. 员工的责任心就是企业的竞争力 / 2
2. 员工的责任心决定企业的兴衰成败 / 6
3. 员工的责任心就是企业的"防火墙" / 11
4. 责任面前,不要做一个置身事外的"旁观者" / 16
5. 勇于负责,为企业分忧解难 / 20

第2章 责任心是取得事业成功的第一要素

1. 人可以不伟大,但不可以没有责任心 / 26
2. 没有做不好的工作,只有不负责任的人 / 30
3. 将责任心根植于内心 / 33
4. 任何时候都要始终如一地对工作负责 / 36

第3章 有能力,更要有责任心

1. 责任心是所有能力的核心 / 42
2. 既要有能力,又要有责任心 / 45
3. 责任能让你的能力展现最大的价值 / 50

4. 信守责任，将个人能力发挥到极致 / 55

第 4 章　承担责任，放弃借口

1. 责任面前，没有任何借口 / 60
2. 借口不是推卸责任的"挡箭牌" / 64
3. 抛弃借口，勇于承担责任 / 68
4. 责任到此，不能再推 / 73
5. 明确岗位责任，才能更好地承担责任 / 78
6. 不要为自己的错误辩解和开脱 / 82
7. 主动负责，勇于承认错误并改正错误 / 85

第 5 章　增强责任心，创造新业绩

1. 没有责任心，就没有工作绩效 / 92
2. 一流的责任心，创造一流的业绩 / 96
3. 强化责任心，开创新业绩 / 100
4. 与其找借口抱怨，不如竭尽全力去提升自己的业绩 / 104
5. 锁定责任，才能锁定结果 / 108

第 6 章　强化责任心，提高执行力

1. 没有责任心，就没有执行力 / 114
2. 责任心是高效执行力的保证 / 119
3. 信守责任，让执行更完美 / 123
4. 责任到位，执行才能到位 / 127
5. 细化责任，将每一个环节都执行到位 / 131

6. 高效执行，把责任落实到快速行动上 / 135

7. 责任不分大小，关键在于落实 / 139

第7章　增强责任心的六大修炼

1. 少一份抱怨，多一份责任 / 144

2. 以感恩心做人，以责任心做事 / 149

3. 聚焦责任，把每件事都做到位 / 153

4. 树立信心，冲破"怕承担责任而拒绝任务"的思想束缚 / 156

5. 责任不分分内和分外 / 162

6. 用强烈的责任心点燃工作的激情 / 166

第8章　责任成就事业

1. 成功的机会隐藏在每一份责任中 / 172

2. 责任心是事业成功的基石 / 177

3. 承担多大的责任，就有多大的成功 / 180

4. 责任能让你成为不可替代的员工 / 184

第1章 员工的责任心是企业的核心竞争力

1. 员工的责任心就是企业的竞争力

责任心是指对事情能主动负责，勇于承担结果的态度。在企业里，员工的责任心不仅是企业发展的原动力，更是企业的核心竞争力。

责任保证一切，责任保证了信誉、保证了服务、保证了敬业、保证了创造……正是这一切，保证了企业的竞争力。

在激烈的市场竞争中，任何一家想在竞争中取胜的企业都必须设法使每个员工都富有责任心。没有责任心的员工，企业就无法为客户提供高质量的服务，就难以生产高质量的产品，就无法在这个竞争激烈的社会上立足。

一些企业之所以缺乏竞争力，就是因为企业内的一些员工责任心缺失，不能负起自己应负的责任。

沃尔玛CEO道格·麦克米隆在一家沃尔玛连锁店视察时，看到一名员工对前来购物的顾客极其冷淡，偶尔还发发脾气，令顾客极为不满，而这名员工自己却不以为然。

麦克米隆问清缘由之后，对这名员工说："你的责任就是为顾客服务，令顾客满意，并让顾客下次还到我们这里来，但是你的所作所为是在赶走我们的顾客。你这样做，不仅没有担当起自己的责任，而且正在使企业的利益受到损害。你没有承担责任，也就失去了企业对你的信任。你可以走了。"

责任心是组成一个人的多种属性中最核心的一点，没有责任心的人不可能成为一名合格的职业人。对企业来说，员工的责任心是企业核心竞争力的形成基础，没有负责任的管理者和员工，老板再有能力，设备再先进，企业也不可能发展起来。

在企业里，员工责任心的强弱在很大程度上能够决定一个企业的命运。而员工责任心的匮乏，往往会成为一个企业运营不善、竞争力不强的直接原因。

在日益严峻的竞争环境下，员工的责任心越来越重要。能够让员工的责任心不断得到提升，超越岗位界限，超越部门界限，使每一名员工都能够心系整个企业的利益，拥有对企业的强烈责任感，时时处处为企业负责，这是企业核心竞争力的体现，是企业的制胜法宝。

海尔集团之所以能成为民族企业中的佼佼者，就是因为海尔员工的责任心。

海尔能够成为中国企业榜样的重要原因是其凡事都要求做到"责任到人"，"人人都管事，事事有人管"。

在海尔集团的每台设备旁边都有一张小卡片，上面记录了设备名称、操作员、责任人、使用和维护记录等内容。这张小卡片是海尔集团的一个特色——海尔责任卡。海尔的每间屋子、每套设备，包括每一个消火栓、每一把椅子甚至每一个开关、每一块玻璃，都附有一张责任卡，卡上记载部门名、编号、责任人、复审人、责任范围、责任标准、考核文件的编号。

如此形成环环相扣的责任链，做到了"奖有理、罚有据"。这种管理的核心就是要把责任锁定，即使是一个简单的擦玻璃的工作，也要明确制定两个责任人，各自有各自的明确责任。

从海尔推行责任卡管理法中，透析出这么一个道理：把所有的责任目标分解到企业的每一个人，上至企业领导，下至一般员工，都清楚自己应该干什么、干多少、要达到什么效果，这样才能达到"日日清、日日高"的目的。

海尔洗衣机生产车间里发生过这样一件事情。一次，洗衣机车间的员工在进行"日清"时，发现多了一枚螺丝钉。员工们意识到，这里多了一枚螺丝钉，就有可能是哪一台洗衣机少了一枚，这关系到产品质量和企业信誉。为此，车间的员工下班后谁也没走，主动将当天生产的1000多台洗衣机全部逐台复检，用了两个多小时，终于查出是发货时多放了一枚。

海尔的员工在重复"简单"的磨炼中获得了责任的真谛，印证了他们熟知的一句话："什么是不简单？把一件简单的事情成千上万遍地做好，就叫不简单。"

员工以强烈的责任心做好了每一件简单的事情，造就了海尔非凡的成绩：海尔冰箱获得了中国冰箱史上第一枚"国家优质金奖"，通过ISO 9001国际质量体系认证后，又先后取得了美国的UL、德国的GS、日本的S－MARK等19种国际认证。截至2019年，海尔已经连续11年稳居欧睿国际世界家电第一品牌。

海尔的一名员工这样说过："我会随时把我听到的和看到的关于海尔的意见记下来，哪怕我是在朋友的聚会中，或走在街上听陌生人讲话。因为作为一名员工，我有责任让我们的产品更好，我有责任让我们的企业更成熟、更完善。"

海尔成功的经验带给我们这样一个启示：员工的责任心就是企业的竞争力，有责任心的员工是企业的栋梁，是推动企业发展的关键力量，每一名员工都应当意识到自己对企业的责任，为企业的发展积极贡献自己的力量。

责任心是强化企业核心竞争力的秘密武器。很多人可能都看过阿尔伯特·哈伯德的《致加西亚的一封信》，书中的主人公罗文之所以在困难重重中能够把信送给加西亚将军，是因为他知道自己所肩负的是战争胜败、国家兴亡的重大责任。正是这种强大的责任心，提高了他完成任务的勇气和决心，增强了他的执行力。我们每一个部门、每一个岗位都是相互关联、相辅相成的。如果团队中每个人都是极富责任心的，那么我们的团队也将会涌现出很多能够把"信"送给"加西亚"的人，每个岗位的工作也必然能做到让自己满意、让同事满意、让领导满意、让客户满意，团队的执行力、工作水平、工作质量就会不断地得到提高，从而使企业的核心竞争力得到强化。

员工的责任心决定着企业竞争的强弱，每个员工都应担负起自身的责任！

阅读思考

（1）为什么说"员工的责任心就是企业的竞争力"？请结合文中的案例，谈谈你的理解和认识。

（2）扪心自问，你是一个有责任心的人吗？你的责任心为你所在的企业做出过哪些贡献？

（3）你会像海尔的员工那样，不管在何时何地，都能以高度的责任心去关心自己所在企业的产品和服务吗？

2. 员工的责任心决定企业的兴衰成败

员工的责任心是企业生存和应对信息时代管理挑战的根本保障，它决定着企业经营的成败。其实，许多企业似巨人轰然崩塌与员工的责任心缺失有一定的关系。

在中国，恐怕没有一家企业能像三株那样迅猛发展，又迅速消亡。

三株在1994年刚开始成立时，注册资金仅为30万元，但当年的销售业绩便高达1.25亿元。1995年，三株的销售额猛增至23亿元。到了1997年年底，它的销售额更是达到了惊人的80亿元，净资产则有48亿元之巨，在短短的4年间，增长了16000倍。更难能可贵的是，三株公司负债率为零，打造出了无比辉煌的保健品奇迹。市场最辉煌时，在东西南北中各县、乡、镇，因争购三株排起了一条条长龙，三株口服液的价格一度被哄抬至七八十元一瓶。

三株公司销售网络遍布全国，而且触角直达各地村镇。三株公司的营销网络共分为四级：在省一级建立营销指挥部，市、地级设营销公司，区、县级设办事处，乡镇及城市区内设工作站。曾经的三株公司，在全国设有600多个营销公司，2000个办事处，营销人员累计10余万人。

总裁吴炳新曾自豪地说："中国第一大网络是邮政网，第二大网络就是三株网。"但是，一个常德事件，一篇"八瓶三株口服液喝死一条老汉"的报道，一场小小的官司，便使三株这个"庞然大物"轰然倒下。

从表面上看，三株这个企业巨人是因为一场小小的官司而轰然倒地、一蹶不振的。其实，在三株内部，责任心涣散才是这个明星企业突然"死亡"的症结所在。创立之初，三株公司不过十几个人，但到了1997年的时候，人员猛增至15万多，在全国县级以上的城市都建立了销售队伍。由于公司成员鱼龙混杂，管理人员也忽略了对企业文化的建设，尤其是对员工责任心的培育，许多人来到三株不过是为了沾一点光、分一杯羹，对三株本身是否健康发展并不关心。

据三株公司审计总部统计，在1995年投入的3亿元广告费中有1亿元被无端浪费掉了，但无人关心此事，自然谈不上有人对此负责了。在不少基层机构中，宣传品的投放到位率不足20%，甚至一些执行经理把宣传品当废纸卖掉，其责任心缺失空前严重。与责任心缺失"相映成趣"的是，三株公司内部机构臃肿、部门林立，官僚主义风气十分盛行，等级森严，程序繁杂，经常出现总部指令被歪曲甚至石沉大海的现象。尽管三株总裁吴炳新采取了自上而下的大规模整顿，但这并没触及问题的根本，公司内部离心离德，没人想过要对公司负责，几大体系、中心之间画地为牢，互为壁垒，各自扩充人员、争权夺利，形成一个个割据的"小诸侯"。

此外，部分财务人员的责任心差，没有认真履行"当家人"的职责，有的甚至与经理串通一气，共同作案。贷款和欠条仍掌握在业务主办人手里，他随时可以携款潜逃。在许多分公司里，呆死账很多，而且难以处理。有的子公司的方案存在明显的分配比例不合理和严重的"亏总部，富个人"的现象，少数地区财务部对此不加审查。财务与营销的脱节也是财务管理的一个重要问题，尤其是在总部。企划中心只知道各子公司的销量，对其综合经营状况、盈亏情况一无所知，只知道要投入、要销量，不考虑其盈亏。

这样的企业怎能拥有强大的执行力和竞争力？这样的团队怎能应对市场的惊涛骇浪？在三株公司惹上官司的时候，十几万名缺乏责任心的员工顿时作鸟兽散，加剧了三株公司的灭亡。

许多企业因为一次危机事件而由盛转衰，甚至破产，一个"常德事件"，让巨人三株倒了下去；一瓶假酒，坏了整个汾酒；一时趋利，葬送了整个冠生园……及至后来，很多人想到的是如何去处理危机事件，如何去搞好企业公关，为此许多企业都专门成立了公关部，还有专门的新闻发言人，以求在事故发生时得以保全颜面。

然而，这些做法无异于隔靴搔痒，扬汤止沸。其根本原因，在于企业内部员工责任心的缺失。

责任心是做好本职工作的基础，是一种承诺、一种品行、一种修养。企业的兴衰成败与员工的责任心息息相关。如何经营责任心，成为企业人力资源的一大课题。

责任心直接关系着企业规章制度的落实和执行，直接影响到企业的生存发展，是企业健康发展的强基固本工程。

人们不禁会问，究竟有没有能够让企业基业长青、不会走向失败的秘诀？请看一则真实的消息。

武汉市鄱阳街有一座普通的6层楼房，最近收到了来自英国的一份函件，提醒此楼业主，该楼90年的设计年限已超过，敬请注意。

原来，这座楼房始建于1917年，设计者是英国的一家建筑设计事务所。

经历了90多年，远隔万里的设计单位居然仍对自己的"产品"这样负责！这座楼当时的设计者怕早已不在人世了，建筑工人、工程师大概也都"走"了。然而人不在了，责任却没有丢，这个设计所的多少批员工，一批批肩负起责任，又一代代传给后来的人。远在异国的这样一座小楼，始终有人对它负责，能做到这一点真是令人赞叹。

这样的责任感，是产品质量、企业信誉的最好保障。只有对自己的产品负责，用户心里才踏实，才用得放心、用得满意。该事务所一以贯之的责任心，不仅为自身赢得了良好的信誉，以至于90多年经营得风生水起，而且一直到今日仍健康有序发展。

责任心是企业和员工之根本，更是质量安全之灵魂。企业缺乏责任心，就会成为利润的唯一追求者，丧失社会责任，变成不折不扣的"财奴"；员工缺失责任心，对工作就会不负责任，就可能对显而易见的苗头隐患视而不见，对近在眼前的规章制度熟视无睹，对可能引发的事故后果充耳不闻。在此状态下，质量安全肯定出问题，出事是迟早的。因为对质量安全而言，责任心的缺失是最大的缺失。其后果，对内，轻者影响企业信誉，重者影响企业的生存发展；对外，可能引发安全事故、公共危机等，造成严重的社会危害，切不可等闲视之。

企业是由每一个人组成的，大家有共同的目标和共同的利益，因此，企业里的每一个人都承载着企业生死存亡、兴衰成败的责任。这种责任是不可推卸的，无论职位是高是低。意识不到这一点，就是失职。

没有责任心,哪来执行力

阅读思考

(1) 三株这个企业巨人为什么因为一场小小的官司而轰然倒地、一蹶不振?

(2) 你是如何理解"责任心的缺失是最大的缺失"这句话的?请从企业和员工责任心的缺失角度来谈谈对企业兴衰成败的影响。

3. 员工的责任心就是企业的"防火墙"

人们从事的工作不同，能力和作用则不同，但无论是统管全局的领导者，还是平凡岗位上的工作人员，对责任都要勇敢担当。一颗道钉足以倾覆一列火车，一根火柴足以毁掉一片森林，一张处方足以夺去一个人的生命。很多低级错误，包括一些本不该发生的重大安全事故，很大程度上就是因为缺少那么一点点责任心。

在对事故原因进行详尽分析后不难发现，不论是因为设备质量不良、故障没及时处理，还是其他习惯性违章，最终都是因为责任心不到位。

我们在前面分析过许多巨人企业轰然崩塌与员工的责任心缺失有关，这是因为，员工的责任心缺失，就好似企业的"防火墙"失效，趁机而入的一堆"病毒"将把企业侵蚀得体无完肤，毫无还手之力，这无疑是致命的。

2013年9月12日，温州市三溪工业园发生特大火灾，造成5人死亡、1人受伤。而导致这场特大火灾的直接和间接原因是什么呢？事后查明原因有三：一是因为不当操作引发火星，火星在海绵堆积处开始剧烈燃烧；二是在此之前，企业厂房未能及时整改火灾隐患，消防安全措施也没有得到落实；三是火灾发生当天，值班人员工作不到位，致使火势未被及时发现并扑灭。这起特大火灾事故与员工责任心缺失密切相关。

顾炎武的一句"天下兴亡，匹夫有责"流传至今，经久不衰，足以证明责任心的重要性。如此拓展开来，在企业里，员工的责任心就是企业的"防火墙"。

责任心对员工的工作业绩至关重要。责任心强的员工观察问题细微，并善于思考问题，能够及时发现工作中存在的事故隐患，把事故消灭在萌芽状态，避免事故发生；责任心不够强的员工，观察问题粗心，并且不善于思考所观察到的问题，任其发展最终导致事故的发生，这就突显出员工责任心的重要性。员工的技术水平再高，如果责任心不强，也无法及时发现问题，问题不能及时发现又如何谈起及时解决问题呢？

常言道："千里之堤，溃于蚁穴。"试想，"防火墙"出了漏洞，"病毒"怎能有孔不入？事故和隐患如同计算机病毒，有可能使安全生产成绩毁于一旦。反之，如果员工都以天下兴亡为己任，以企业兴衰为己任，无形中就为企业铸起了一道坚固的屏障，"病毒"就难以入侵，换言之，事故发生的概率就会降低。干工作不仅需要一种良好的正确态度，更需要的是一种责任心。

近期在报上读到一则消息：在一个利用流水线生产大型机器的工厂里，一名女工不经意间发现厂里生产出来的一个小套件组装在一起不够紧密。虽然套件上的相关产品并不由她负责施工，但她还是主动查看了公司生产出来的同类产品，发现还有一部分存在同样的问题。由于她的及时建议，公司对这个细小的纰漏给予了足够的重视，并及时进行了更正，有效避免了产品进入市场后给企业带来的不可估量的损失。

这件事情看似偶然，其实也是必然的。这名女工也没有什么高明之举，究其根本，还是责任心使然。同时，这件事情也阐明了一个道理，即员工的责任心就是企业的"防火墙"。俗话说，"润物细无声"，需要责任心的地方，可能是些看似无大碍的细节，却和企业的安全、效益乃至信誉息息相关，往往决定着企业的兴衰。

一次，一位名叫基泰丝的美国记者来到日本东京的奥达克余百货公司。她买了一台索尼唱机，准备作为见面礼送给住在东京的婆家。售货员彬彬有礼，特地为她挑了一台未启封包装的机子。

回到住所后，基泰丝开机试用时，却发现该机没有装内件，根本无法使用。她不由得火冒三丈，准备第二天一早就去奥达克余百货公司交涉，并迅速写好了一篇新闻稿，题目是《笑脸背后的真面目》。

第二天一早，基泰丝在动身之前，忽然收到奥达克余百货公司打来的道歉电话。50分钟以后，一辆汽车赶到她的住处，从车上跳下奥达克余百货公司的副经理和提着大皮箱的职员。两人一进客厅便俯首鞠躬，表示特来请罪，除了送来一台新的合格的唱机外，又加送蛋糕一盒、毛巾一套和著名唱片一张。接着，副经理又打开记事簿，宣读了一份备忘录，上面记载着公司通宵达旦地纠正这一失误的全部经过。

原来头一天下午4点30分清点商品时，售货员发现错将一个空心货样卖给了客户。她立即报告公司警卫迅速寻找，但为时已晚。此事非同小可。经理接到报告后，马上召集有关人员商议。当时只有两条线索可循，即客户的名字和她留下的一张美国快递公司的名片。

据此，奥达克余百货公司连夜开始了一连串无异于大海捞针的行动：打了35个紧急电话，向东京各大宾馆查询，没有结果；再打电话问纽约美国快递公司总部，深夜接到回电，得知客户在美国父母的电话号码；接着又打电话去美国，得知客户在东京婆家的电话号码，最后终于弄清了这位客户在东京期间的住址和电话，这期间的紧急电话，合计35个！

奥达克余百货公司的这一举动，让基泰丝大为感动。她不仅怨气尽消，还将准备好的《笑脸背后的真面目》批评稿撤下，当晚重新写了一篇题为《35个紧急电话》的表扬稿。

《35个紧急电话》的表扬稿见报后，反响强烈，奥达克余百货公司因一心为客户而声名鹊起，门庭若市。奥达克余百货公司将一桩坏事变成了好事，不仅挽回了公司的信誉，而且还提高了公司的知名度和美誉度，为公司创造了巨大的价值。

假如没有这35个紧急电话，假如没有奥达克余百货公司从员工到经理强烈的责任意识和竭尽全力的挽救，错售空心唱机货样的小事，势必给公司的利益带来损害，更不会有如此漂亮的结局。

员工的责任心，就犹如企业的"防火墙"。这面"墙"一旦出现漏洞，随之带来的就是种种问题。有时，企业的轰然崩塌往往源于最细微的一个漏洞。填补这些漏洞首先需要严密的制度和流程管控，但更重要的是，企业员工能用一颗颗责任心铸就企业的"防火墙"。

责任心是一切优秀素质的基点。企业要发展，离不开高素质的员工，而高素质的员工首先应该是有责任心的员工。如果每名员工都将强烈的责任心融入各自的工作中，做到尽善尽美，就一定能够为企业筑起牢不可破的"防火墙"，保障企业的腾飞壮大。

阅读思考

（1）"员工的责任心就是企业的'防火墙'"，你认可这句话吗？请结合文中的案例，加以分析和阐述。

（2）看了"35个紧急电话"这个故事，你有什么感想？如果你遇到此类事情，你会以强烈的责任心去挽回公司的信誉吗？

4. 责任面前，不要做一个置身事外的"旁观者"

1964年3月，在纽约的克尤公园发生了一起震惊全美的谋杀案。凌晨3点钟，一位年轻的酒吧女经理被一个杀人狂杀死。作案时间长达半小时，附近住户中有38人看到女经理遇刺的情况或听到反复的呼救声，但没有一个人出来救援，也没有一个人及时给警察打电话。

事后，美国大小媒体同声谴责纽约人人性的异化与处事态度的冷漠。

然而，两位年轻的心理学家——巴利与拉塔内并没有认同这些说法。对于旁观者们的无动于衷，他们认为还有更好的解释。为了证明自己的假设，他们专门为此进行了一项试验。

他们寻找了72名不知真相的参与者与一名假扮的癫痫病患者参加试验，让他们以一对一或四对一两种方式，保持远距离联系，相互间只使用对讲机通话。事后的统计数据出现了很有意思的一幕：在交谈过程中，当假病人大呼救命时，在一对一通话的那组，有85%的人冲出工作间去报告有人发病；而在四个人同时听到假病人呼救的那组，只有31%的人采取了行动。

这个试验，从社会心理学角度令人信服地解释了克尤公园现象。两位心理学家把它叫做"旁观者介入紧急事态的社会抑制"，通俗地说，就是"旁观者效应"。他们认为，在出现紧急情况时，正是因为有其他目击者在场，才使得每一位旁观者都无动于衷，旁观者可能更多的是在看其他观察者的反应。

在生活和工作中，置身事外的"旁观者"可谓无处不在。

媒体曾报道过一个类似的孩童落水事件。旁观者甲本想下水救人，又有些犹豫，他在看其他目击者乙、丙等人的反应。转念一想，这么多人都看到小孩子落水，总会有几位下去救的，自己就不下去吧。犹豫之间，小孩子被水吞没了，结果居然没人下水。甲不禁心里有些内疚，再一想，要责怪、要内疚、要负责任，也是和乙、丙等数十人分担，没什么大不了的。于是，他走开了。

这种众多的旁观者见死不救的现象被称为责任分散效应。

对于责任分散效应形成的原因，心理学家进行了大量的实验和调查，结果发现：在不同的场合，人们的援助行为是不同的。当一个人遇到紧急情境时，如果只有他一个人能提供帮助，他会清醒地意识到自己的责任，对求助者给予帮助。而如果有许多人在场，帮助求助者的责任就由大家来分担，造成责任分散，每个人分担的责任很少，旁观者甚至可能连他自己的那一份责任也意识不到，从而产生一种"我不去救，由别人去救"的心理，造成"集体冷漠"的局面。

很多时候，众多的旁观者分散了每个人应该负有的责任，最后谁都不负责任，这种现象在某些企业里比比皆是。

在欧洲通用电气某生产车间，一台运料汽车在厂区里面漏了油。吃午餐的时候，几百名员工路过那里都看见了一大摊油迹，但没有人反映。车间经理看到这种情形后火冒三丈，下令以这件事情作为公司的典型教材，召开全体管理人员会议来谈这个问题。董事长认为，这件事是管理人员的极大失职。他认为，如果哪一天发现在公司的路面上有一摊油或有一堆泥土没有人去打扫，而恰巧被正在上下班的几百名员工看见了，这将比公司一台机器发生重大质量事故还要严重！因为这会给员工留下一种公司对质量要求不严的印象，会使员工在工作中造成懈怠，从而有可能造成难以弥补的损失。为此，全公司认真地做了反省。

"旁观者责任分散效应"的实质是个人责任心的模糊。在企业里，它的危害不容小视。有的员工认为，公司这么大，其兴旺、衰败都不是自己能控制的，于是，他们就对力所能及范围内的事务熟视无睹了。看到有人私自拿走公司的物品，他们装做什么也没发生；遇到顾客上门投诉，他们为图省事，一句"这不关我的事"应付过去。

一句"这不关我的事"让你躲过一次麻烦，也让你失去一次提升自己的机会。长此以往，终究会在责任与推脱的较量中败下阵来。

从个人前途的角度来看，在工作中，如果碰到一些不是自己岗位职责范围内的事务，也不要做一个置身事外的"旁观者"，而应把它们当成自己应该履行的职责，认真、负责地处理妥当，这样才能成为一名优秀的员工。

山下井守是松下的工程师。有一天早上，他到一家电器城去购买家电。正当他在挑选的时候，无意中听到有人抱怨松下的服务差劲极了。那个人越说越起劲，导致有八九个人围过来听他讲。

当时，山下井守正在休假，他大可以"事不关己，高高挂起"。山下井守却走上前去说道："先生，很抱歉，我听到了你对这些人说的话，我就在松下公司工作。你愿不愿意给我一个机会改善这个状况？我向你保证，我们公司一定可以解决你的问题。"

那些人听了这些话都非常惊讶。山下井守立即掏出手机给公司打了电话，说明了情况。公司立即派修理人员到那位客户家中，帮他把问题解决，直到他心满意足。后来，山下井守上班后，给那位客户打了电话，确定他对一切都满意。山下井守事后受到了松下负责人的高度赞扬，公司号召全体员工向他学习。

按照一般人的想法，不是自己职责范围内的事是不会去管的，遇到棘手的事更是躲着走。而成功者的做法恰恰相反，他们不管是不是自己职责范围内的事，只要是公司的事，都不会不管。

不管是在工作时间之内，还是在工作时间之外；也不管是身在公司，还是出门在外，都要对公司的事负责。

美国塞尔文机器公司前董事长保罗·沙莱波曾经说过："我警告过公司里的每一名员工，如果哪名员工在我面前说'这项工作不关我的事，是别人的事情'，我就会马上把他开除，因为这样的人显然对公司没有责任感。这就像你眼看着醉鬼开车、小孩子快要掉到水里了而不去阻止一样，都是不负责任的说法。"

作为公司员工，事关公司的事务，都不要以"这不关我的事"为由，推卸自己的责任，置身事外，而应该抱着公司的事就是自己的事的积极态度，为公司的发展着想。

责任面前，我们不是旁观者，无法置身事外，也不能置身事外！

阅读思考

（1）扪心自问，你是一个"事不关己，高高挂起"的"旁观者"吗？

（2）如果你是工程师山下井守，你是置身事外，还是像他那样负责任地去做？

5. 勇于负责，为企业分忧解难

每个企业在发展过程中，都会遭遇各种问题的困扰，就像"旭日东升，金乌西坠"般自然，领导需要及时为他们解决难题的员工。

面对全球经济不景气给企业带来的困难，很多企业开展了"企业有困难，我们怎么办"这样的大讨论，形成了"企业有困难，我们来分担"的责任共担局面。

企业有了困难，员工不能观望，不能等待，更不能漠视。员工应该坚定信心与企业同呼吸共命运，充分发挥每一个人的作用和力量，与企业共渡难关。

困难当前，员工要充分体谅企业的处境，挺身而出，主动为企业排忧解难，寻找渡过难关的良策。

经营管理一家公司会面临种种问题。来自客户等外部环境的压力与来自公司内部经营管理的压力，随时都会影响领导的情绪。管理者也是普通人，有自己的喜怒哀乐。因此，要像对待普通人那样对待管理者，多想想管理者的不易和困难，并且尽自己所能为企业、为管理者分忧解难。

当管理者被公司事务缠得焦头烂额时，员工应该想想"我能做些什么"，为其分忧解难。特别是管理者迫切需要帮助时，优秀员工应该以强烈的责任心挺身而出，施以援手。

2018年年底，马丁很清楚公司所面临的困境：公司刚刚开发出一种新产品，但还没开始大规模生产的时候，竞争对手就马上推出了一种和这种产品十分类似的新产品，而且价格比自己公司的成本还要低；过去的一个大客户也因经济的影响突然宣布破产，它欠公司的大笔债务也因此而泡汤。雪上加霜的是，公司的许多原材料供应商因资金链断裂都表明要现金交易。

马丁意识到，公司正处于举步维艰的阶段，很多同事都已经离开了公司，留下来的同事中有一部分实际上也在准备另谋高就，公司里的员工人心惶惶，大家的心思根本没有放在工作上。

看到公司现在的情况，马丁十分痛心，但是他知道那样解决不了任何问题。几天来，他一直在考虑如何尽自己的最大努力帮助公司减轻负担。马丁想到了妻子苏丽的导师，一位很出名的老教授。于是，他很快找到了产品研发部经理，并带着他来到了那位老教授的家里，通过和老教授的磋商，那位老教授答应和他们公司合作开发一种更加物美价廉的新产品。

同时，因为马丁在公司负责售后服务部，他趁着公司的事情暂时不多，把所有的售后服务人员组织起来，让他们主动到老客户那里进行产品维修和维护工作。

几个月之后，公司和老教授合作开发的新产品成功上市了，这种新产品受到了人们的热烈欢迎，竞争对手对此措手不及。老客户们纷纷表示要继续和公司保持长期的合作关系，而且他们还为公司带来了许多新客户。最后，马丁所在的公司终于走出了困境。因为马丁对公司的杰出贡献以及在这段时间表现出的巨大潜能，公司总经理提议提升马丁为公司的营销总监，这项提议很快就被公司董事会通过了。

任何工作都不可能是一帆风顺的,都可能会遇到这样或那样的挫折与障碍。作为管理者,管理一个企业,责任重大,压力也最大,某些工作可以凭借自己的能力或以往的经验就能做好,而有些工作则需要下属的帮助才能解决。

一个责任心强的员工应当在企业最需要的关键时刻挺身而出,就像堤坝上出现缺口的时候,谁在附近谁就用身体堵上去,因为那是关键时刻,刻不容缓。同样,企业的经营和运转也像堤坝一样,随时都会出现许多意外的事件,有些迫在眉睫,必须马上解决,这时员工就要在知道自身能力的情况下,挺身而出,帮企业解决所遇到的问题。

刘飞是一家公司营销部的经理。随着公司的发展壮大,公司产品已成为本行业中的知名品牌,市场上各种假冒伪劣产品也随之冒出来,给公司造成极坏的影响,有些市场因伪劣产品引发的纠纷甚至出现在报纸媒体上。

有一次,公司产品被一家电视台错误报道,蒙受了不白之冤。而当时公司领导在国外考察。当天晚上,刘飞看到了电视台的错误报道后,第二天马上出面召开记者招待会予以澄清,并成为当天晚上许多电视新闻的头条。因此,这家公司不但没有因为错误报道受到影响,反而成为媒体聚光的焦点,不但加强了公司形象,还让媒体为他们做了一场免费宣传。

当公司遇到困境时,刘飞冲在最前线,为公司分忧解难,力挽狂澜,成为公司最不可或缺的栋梁之才。

企业的发展不可能风平浪静,企业的管理也不可能滴水不漏,管理者的才能也不可能没有欠缺,一个勇于负责的员工应当在管理者需要的时刻挺身而出，不推诿塞责，为管理者分担风险，这样必将赢得其他同事的尊敬，更能得到管理者的信任和器重。

阅读思考

（1）你能像马丁和刘飞那样挺身而出为企业和管理者分忧解难吗？

（2）想一想，一个能为企业和管理者分忧解难的员工是不是最受欢迎的员工。

第 2 章 责任心是取得事业成功的第一要素

没有责任心，哪来执行力

1. 人可以不伟大，但不可以没有责任心

很多企业在招聘人才时都非常强调"人品"。如果你问企业家以及管理者们一个问题："您最重视员工的什么素养？"

答案几乎是一样的："人品。"

人品是职业人的一个基本要求。"品"就是责任心。责任心是人品最核心的要素，因为没有责任心的员工，纵使有再多的知识、再大的才华，也难以创造价值。

微软是一家非常重视员工责任心培养的公司，他们在招聘员工时，通常会提一些问题，并以此来考察应聘者是不是具有责任心。正是基于这种做法，成就了微软一流的执行力，打造出了声名显赫、富可敌国的微软商业神话。2018年，微软在《财富》世界500强中居第71位。

有一次，微软公司招聘高级管理人员，公司董事长比尔·盖茨亲自主持面试。来了不少应聘的人，个个精明干练，看起来都是胸有成竹。面试只有一道题，就是谈谈自己对责任的理解。对于这样的一个问题，很多人认为太简单了。

然而，结果出人意料，一个人都没有被录取。难道微软公司成心不想

招人？

"其实，我们也很遗憾，我们很欣赏各位的才华，你们对问题的分析层层深入，语言简洁畅达，非常令各位考官满意。但是，我们这次考试不是一道题，而是两道，遗憾的是，另外的一道你们都没有回答。"比尔·盖茨说。

大家哗然。"还有一道题？"

"对，还有一道，你们看到躺在门边的那把笤帚了吗？有人从上面跨过去，有的甚至往旁边踢了一下，却没有一个人把它扶起来。"

比尔·盖茨给所有参加应聘的人上了一课："对责任的深刻理解远不如做一件有责任的小事，后者更能显现出你的责任心。人可以不伟大，但不可以没有责任心。"

俗话说，一滴水可以折射出整个太阳的光辉，一件小事可以看出一个人内心的世界。要想知道一名员工对企业或组织有没有责任心，并不需要用大是大非的问题来考验，通过一些细微的小事，也同样可以得到合理的答案。

如果一个护士不小心给糖尿病人输葡萄糖液，会造成什么后果？如果一个水泥工人在操作中因疏忽造了一批不达标的水泥，而一家建筑公司正准备用这批水泥做建筑材料，谁能知道他的不小心会造成多少灾难？而一个财务人员，如果在汇款时不小心写错了一个账号，公司又会蒙受多少损失呢？

随着企业与企业之间的竞争越来越激烈，员工在工作中任何不负责的做法，哪怕只有一点点，都有可能导致整个企业蒙受巨大损失。因此，任何老板都不会容忍那些只拿薪水、工作不负责的员工。

一名业务员为单位采购一批羊皮,与供货商谈妥为:"每张大于0.4平方米。有疤痕的不要。"这名业务员在合同中却这样写:"每张大于0.4平方米、有疤痕的不要。"结果供货商发来的羊皮都是小于0.4平方米的。只因把其中的标点符号"。"错写为"、",让供货商也不明不白,使业务员哑巴吃黄连——有苦说不出。

再来看下面的例子。

有一年全国小麦价格开始上涨,一家私营面粉厂的业务员来到小麦产区采购小麦。这时产区的一些粮库大都是待价而沽,不想卖粮食,经不起业务员的纠缠,粮库的负责人说:"粮食有的是,卖给你也行,一吨1000元,你要不要?"

这位业务员拿不定主意,他不知道自己出来这半个多月全国的小麦涨到什么价钱了,于是给公司老板发电报问:"一万吨小麦,每吨1000元,价格高不高?买不买?"

老板看到电报后生气地对秘书说:"真是乱弹琴,哪有这么高的价格,现在最高的价格也不到900元,给他发电报,就说价格太高!"

秘书赶紧跑到邮局发了个电报:"不太高。"

没几天,业务员带着签订的购销合同回来了。老板莫名其妙,追查原因才知道,秘书发电报时,"不"字的后面少了个句号。如果履行合同势必给公司带来100多万元的经济损失,后来经过多次协商赔偿了对方15万元才算了事。当然,这位秘书不久就被辞退了。

"不太高"和"不。太高"差了一个小小的句号,却相差十万八千里,这位"差不多先生"也只好另谋职业了。

再来看一个例子。

北京一家医院在同一天为两个患不同病症的儿童做手术。由于手术时间只相差十几分钟,当时又只有一辆手推车,护士懒得奔跑两趟,便把两个患儿放在同一辆车上,进入手术室后也未核对患儿病史信息,就随意把两人放到两个不同的手术台上。结果,要施扁桃体肥大摘除术的患儿失去了胆囊,另一位喉管正常的儿童却留下了咽部残疾。

粗心、懒散、草率等字眼,正是工作不负责的一种表现。很多这样的人因为工作粗心马虎而丢掉了工作。

在企业里,员工责任心的强弱在很大程度上能够决定一个企业的命运。而员工责任心的缺失往往会成为一个企业运营不善的直接原因。

有较强责任心的员工不仅能够得到上司的信任,也为自己的事业在通往成功的道路上奠定了坚实的人格基础。

如果你是一位有责任心的员工,时时刻刻都在考虑怎样做才能更好地维护公司的利益,就会让上司对你青睐有加,让你成为一个值得信赖的人,被委以重任的机会便多。

阅读思考

(1)你认可比尔·盖茨"人可以不伟大,但不可以没有责任心"这句话吗?

(2)看了文中的这些案例,你有什么感慨?你所在的单位是不是也有这种不负责任的人存在?

没有责任心，哪来执行力

2. 没有做不好的工作，只有不负责任的人

有这样一个故事。

武汉曾经有一家工厂想批量生产德国道依兹柴油发电机，这种柴油发电机运转的声音很低，夜里放在枕边运转而不影响睡眠。当时，这家工厂根据这种机器的图纸自己生产了一台，噪声很大，大家百思不解。

1984年，柴油发电机厂聘请德国退休专家担任厂长。洋厂长看了工人的技术，认为还行，便把新图纸留下让工人加工。新机器做出来后，噪声还是很大。他们把洋厂长又叫来，洋厂长根本没有接通机器电源，只是用戴着白手套的手伸到机器内，摸出了一把铁砂。洋厂长抓着这把铁砂铁青着脸说："这不是技术问题，而是责任心问题！责任心问题！"原来，焊接过程中未被及时清理掉的铁砂平时看似不怎么影响机器运转，但在精密的机器中，便会引起较大噪声。

这样的问题，在我们的生活中，恐怕并不罕见。

现在，几乎每个企业都非常强调责任的力量，在用人时都非常强调个人的知识、技能与责任心的融合。目前，员工的知识、技能相差不会太大，

而真正造成工作落差的原因就在于"责任"二字。所以,很多企业高管都这么认为:"没有做不好的工作,只有不负责任的员工。"企业的每名员工,无论职位高低,都对企业负有不可推卸的责任。

一件事情做得好与坏,就看做这件事的人是不是用心在做,是不是以高度的责任心在做。当一个人真正用心做事的时候,他就会把事情做到最好。

为了发展海尔集团整体卫浴设施的生产,1997年8月,33岁的魏小娥被派往日本,学习掌握世界先进的整体卫生间生产技术。在学习期间,魏小娥注意到,日本人试模期的废品率一般都是30%～60%,设备调试正常后,废品率为2%。

"为什么不把合格率提高到100%呢?"魏小娥问日本的技术人员。

"100%?你觉得可能吗?"日本人反问。

从对话中,魏小娥意识到,不是日本人能力不行,而是思想上的桎梏使他们停滞于2%。作为一个海尔人,海尔和魏小娥的标准就是100%。在她的心目中,没有做不好的工作,只有做不好工作的人。此后,她充分利用每一分每一秒的时间拼命地学习。几个月后,她带着先进的技术知识和赶超日本人的信念回到了海尔。

时隔半年之后,日本模具专家宫川先生来华访问见到了"徒弟"魏小娥,她此时已是海尔集团卫浴分厂的厂长。在参观海尔工作现场时,面对一尘不染的生产现场、操作熟练的员工和100%合格的产品,宫川先生一脸惊愕,反过来向徒弟请教其中的奥秘。

"我曾经绞尽脑汁地想办法解决生产过程中的一些问题,但最终还是没有成功,你是怎么解决的呢?日本工厂卫浴生产的现场过于脏乱,我们一直想改进得更好,但难度实在太大了,效果总是不理想,你们是怎样做到

没有责任心，哪来执行力

现场清洁的呢？100%的合格率是我们连想都不敢想的，对我们来说，2%的废品率、5%的不良品率已经是非常合乎标准了，你们又是怎样把产品合格率提高到100%的呢？"

"用心。"魏小娥简单地回答又让宫川先生大吃了一惊。用心，这看似简单，其实很不简单。

原来，从日本学习归国之后，魏小娥将主要精力放在抓卫浴分厂的模具质量工作上。无论何时，魏小娥都从未放松过对模具质量的严格要求。一次，在试模的前一天，魏小娥在原料中发现了一根头发，这无疑是操作工人在工作时无意间落入的。然而，魏小娥立即意识到，这一根头发万一混进原料中，就会出现废品。魏小娥马上给操作工统一制作了白衣、白帽，并要求大家统一剪短发。就这样，一个可能出现2%废品的因素被消灭在了萌芽之中。

在魏小娥的努力下，2%的废品可能被一一杜绝。终于，100%这个被日本人认为是"不可能"的产品合格率，魏小娥做到了，海尔做到了。魏小娥和海尔用自己的努力证明了：只要用心负责去做，就没有做不好的事情。

实际上，"用心"就是要有责任心。在工作中，如果我们能够像魏小娥这样用心负责，也一定能成为第二个"魏小娥"。

任何一项工作，无论它多么艰难，只要认真对待，就能够取得成功。

💡 阅读思考

（1）为什么说"没有做不好的工作，只有不负责任的人"？你认同这句话吗？请结合你身边的案例，谈谈你的理解和认识。

（2）魏小娥用自己的努力证明了：只要用心负责去做，就没有做不好的事情。在工作中，你能像魏小娥那样"用心"去把每件工作做好吗？

3. 将责任心根植于内心

在世界500强企业中,"责任"是最为关键的理念和价值观,同时也是员工的第一行为准则。在IBM,每个人坚信和践行的价值观念之一就是"在人际交往中永远保持诚信的品德,永远具有强烈的责任意识";在微软,"责任"贯穿于员工的全部行动;在惠普,没有责任理念的员工将被无情剔除……责任,作为一种内在的精神、深邃的理念和重要的准则,任何时候都会被企业奉为生命之源。

一个优秀员工必是一个有"责任意识"的员工。一个思维健全的正常人,只有感到了自身责任的存在,才会产生履行责任的愿望和需求;一个人一旦有了这种需求,才会产生为了满足需求而树立自己的目标的动机;一个人只有明确了自己的目标,才会产生为目标而努力奋斗的思维和行动,只有这样,才能形成自己的行为动力机制。"责任意识"是人所共有的做任何事情的动力根源。

英国克里米亚战争时期,在一家战地医院的手术室里,一位年轻护士第一次担任责任护士。"大夫,你取出了11块纱布,"她对外科大夫说,"我们用的是12块。"

"我已经都取出来了,"医生断言道,"我们现在就开始缝合伤口。"

"不行。"护士抗议说,"我们用了12块。"

"由我负责好了!"外科大夫严厉地说,"缝合。"

"你不能这样做!"护士激烈地喊道,"你要为病人负责!"

大夫微微一笑,举起他的手让护士看了看第12块纱布:"你是一位合格的护士。"他说道。他在考验她是否有责任感——而她具备了这一点。

这位年轻的护士便是弗罗伦斯·南丁格尔,她后来成为护士精神的代名词,国际护士节为纪念她而设定在她的生日。

责任心是一个人应有的品格,是一个人的良知。

而在现实生活中,有些人只想着报酬,却很少付出,缺乏责任意识,更不愿意承担责任。

在这些人看来,只有那些有权力的人才有责任,而自己只是一名普普通通的人,没什么责任可言。有这样想法的人,根本没有意识到自己的责任。

在任何时候,责任心对任何员工都不可或缺。要将责任心根植于内心,让它成为我们脑海中一种强烈的意识,在日常生活和工作中,这种责任意识会让我们表现得更加卓越。

刘凡是一家大型滑雪娱乐公司的普通修理工。一天晚上他值班,深夜巡查时看见一台造雪机喷出的全是水,而不是雪。他知道这是造雪机的水量控制开关和水泵水压开关不协调所致。他急忙跑到水泵坑边,用手电筒照着检查,发现坑里的水快漫到动力电源的开关口了,若不赶快阻止水继续漫溢,将会发生动力电缆短路,这种情况将会给公司带来重大损失,甚至伤及人的性命。他来不及多想,不顾个人安危,跳入水泵坑中,摸索着控制住了水泵阀门,防止了水的漫溢,然后顾不得换下水淋淋的衣服,又找来工具把坑里的水排尽，重新启动造雪机开始造雪。当同事赶来帮忙时，一切都已经处理妥当，他也连冻加累，浑身颤抖得走不动路了。

公司总裁闻讯，下令连夜把他送到医院诊疗，他才没有落下身体上的伤残。事后，刘凡受到了公司的表扬和嘉奖，当部门经理的职位出现空缺时，他便被晋升为部门经理。

刘凡奋不顾身的力量源自他对公司的责任心。

刘凡非常明确地知道自己在做什么，并且知道这么做会给别人带去什么，会给自己带来什么，这样的人对自己的责任有明确的认识。刘凡的行动不是为个人打算的，而是发自内心的，为公司负责的精神。

责任是可贵的，它可以震撼我们的心灵，同时，责任是简单而又无价的。

十字路口的老交警每天早晚高峰时，总是站在那里指挥车辆，有时还要亲自护送老人和学生走过路口。有人问他："有红绿灯管着，还需要你前后左右忙活吗？"他说："这是我的责任，我应该这么做。"

一个老清洁工腿脚不好，可是天不亮就把小区卫生打扫干净了，甚至年三十晚上满院的鞭炮纸屑，初一早上就不见了。人们说："大过年你就别干了。"他却答道："这是咱应该做的呀！"语言极其朴素，但充满了责任心。

强烈的责任心是取得事业成功的第一要素。要想获得职场成功，就从树立责任心做起吧！

阅读思考

（1）自问一下，你有刘凡那种为企业奋不顾身的高度责任心吗？你将责任心根植于自己的内心了吗？

（2）为什么说"强烈的责任心是取得事业成功的第一要素"？请举例加以简述。

没有责任心，哪来执行力

4. 任何时候都要始终如一地对工作负责

提升责任心不是简单的口号，不是停留在嘴上说说而已，而是一种信仰、一种理念，需要我们从内心深处理解它，把它作为自己内在的追求，并付诸行动，用行动去体会、去理解、去证明、去实现。任何时候，我们都不能放弃肩上的责任，不管从事什么工作，我们都需要尽职尽责。不论是哪一级的工作人员，都必须"在岗一日，负责一天"，不要懈怠自己的工作与职责。

下面这个故事就可以有力地说明这一点。

杰克是美国著名的建筑工程师，他做了一辈子的建筑工程，以勤奋和热情深得公司集团总裁的信任，并担任集团总工程师二十余年。

一次，已经年老力衰的杰克对总裁说，他想退休回家与妻子儿女享受天伦之乐。集团总裁十分舍不得，再三挽留，但见他去意已决，只好答应他的请辞，但希望他能再帮助盖最后一栋别墅。于是，杰克无法推辞，只好悻悻地答应了。

杰克已归心似箭，心思全不在工作上了，顿时降低了对工作的责任感。房屋用料也不那么严格，质量也全无往日的水准。杰克自然很明白工程存在瑕疵，但自己已经没有了工作的热情和责任感。此时的情况总裁也看在眼里，却什么也没说。等到别墅竣工后，总裁在欢送杰克的大会上亲自将钥匙交给杰克。

"杰克先生，您为我们集团服务了二十多年，说实话，集团能有今天，你的功劳很大。这是你的别墅。"总裁说，"我送给你的礼物。"

话音刚落，会场响起了一阵热烈的掌声，而这些掌声都是在称赞老建筑师对集团的功劳。而一旁的老建筑师顿时愣住了，悔恨和羞愧溢于言表。他这一生盖了那么多坚固豪华的房子，最后却为自己建了这样一座粗制滥造的房子。

老建筑师遗憾地握住总裁的手，面对所有的员工，悔恨地说了一句话："任何时候都要始终如一地对工作负责。哪怕你明天要退休，今天也要把工作做好。"

老建筑师的悔恨就这样永远地留在了掌声中。

一个建筑工程师，可以盖出坚固豪华的房子，也可以建造出粗制滥造的房子，不是因为技艺减退，而仅仅是淡漠了工作的激情和责任心。

很多公司都有这样的员工：他们对工作负责是分时间和地点的。显然，这样的员工是缺乏责任心的。真正负责任的员工不需要上司的监督，无论上司在不在身边，他们都会一样认真工作；而且，负责任的员工任何时间、任何地点，只要与工作、与公司有关，他们都会主动承担自己的责任，这种任何时候都始终如一地对工作负责的员工才是公司真正需要的人才。

多问问自己"我做得好不好"，这就是尽职尽责的表现。

只有当我们在工作中做到尽职尽责时，才能够把工作做得更好，才能更好地体现自己在工作和生命中的价值。

2013年5月29日晚上七点多钟，客车司机吴斌驾驶客车自杭州返回无锡时，被一面来自对面车道的铁块砸中，身体当即多处骨折。

在生命的最后一分钟，他拼尽全力做了三件事。

第一件事：把车缓缓地停在路边，并用生命的最后力气拉下了手动车闸。

第二件事：把车门打开，让乘客安全地下了车。

第三件事：将发动机熄火，确保了车辆、乘客和行人的安全。

吴斌极其艰难地做完了这三件事，然后才趴在方向盘上停止了呼吸……

吴斌是一名普通的客车司机，在他生命的最后时刻，不忘记一名客车司机的职责，依然坚持完成自己的使命。他用行动诠释了一个词的含义，那就是——"责任"。

吴斌所做的一切也许并不惊天动地，然而许多人却牢牢地记住了他的名字。为什么能让这么多人知道并记住他的名字？这是因为他有一颗闪光的责任心，在生命的最后一分钟，他没有忘记自己的责任，他是责任的担当者，是最美的司机。

责任就是对自己所负使命的忠诚和信守，责任就是出色地完成自己的工作，责任就是忘我地坚守，责任就是人性的升华。如果一个人希望自己一直有杰出的表现，就必须在心中种下责任的种子，在工作中做到尽职尽责，让责任成为鞭策、激励、监督自己的力量。

无论在什么时候，都要始终如一地对工作负责，这才是真正的负责。如果一个人具备了这种高度负责的精神，就没有什么事情能够难得住他，就没有什么任务不能尽善尽美地完成。

💡 **阅读思考**

（1）看了老建筑师的故事，你有什么感慨？如果是你，你愿意像老建筑师一样，把悔恨留给自己吗？

（2）"即使明天退休，今天也要把工作做好"，你认同这句话吗？

（3）在生命的最后一刻，吴斌没有忘记自己的职责。看了他的故事，在感动之余，我们还能从这个故事中得到哪些启示？

第3章 有能力，更要有责任心

没有责任心，哪来执行力

1. 责任心是所有能力的核心

美国学者、思想家门肯曾经说过："人一旦受到责任感的驱使，就能创造出奇迹。"2008年4月7日，在北京奥运圣火传递期间发生的一件事，深深地打动着我们。

上海轮椅击剑队队员金晶作为北京2008年奥运会火炬手之一，参加了巴黎的火炬传递。金晶被朋友们称为"轮椅上的微笑天使"。

2008年4月7日当天，根据原定计划，跑第三棒的金晶，要在埃菲尔铁塔旁从法国的一名篮球运动员手中接过奥运圣火。后来，巴黎方面临时调整路线，她传递的地方也改在了塞纳河边。

等到火炬交接完毕后，金晶刚要准备出发时，数名"藏独"分子突然冲破了警戒线，冲向轮椅上举着火炬的金晶，站在金晶旁边的女护跑手被"藏独"分子扭住头发拖到一边，男护跑手以及在场的华人与"藏独"分子拉扯着，并被推到了一旁。此时，一位身材魁梧的"藏独"分子，马上扑到了金晶身上，试图抢走金晶手中的火炬。金晶紧紧地护住圣火，"藏独"分子就扯她的胳膊，殴打她。到后来，当金晶回忆当时的情形时说："他们连续过来抢了三次，最厉害的时候是三四个人一起抢的……离我最近的人是贴着我的，直接打我，抢我的火炬，其他的人也在我旁边扭打，我当时不是很清楚，只是一心抱着火炬。"

为了保护圣火，这个只有一条腿的女孩，坐在轮椅上一直用身体紧紧护住火炬，脸上的神情坚毅而从容。后来，法国的警察赶来，才把暴徒制伏。金晶高高地举起手中的火炬，脸上露出了灿烂、骄傲的微笑。

金晶在用她那残弱的身躯捍卫着奥运精神，这个画面打动了在场的所有人。随后，金晶护住火炬的照片和故事迅速在国内外各大网站上流传，大家感动地称她为"用生命保护奥运火炬的姑娘"。

作为一名残疾人，金晶以残疾的身躯和大无畏的精神给予了暴徒最有力的反击。事后，有记者问她："你当时为什么没有让暴徒抢走火炬？"她回答说："因为我相信凭借我的力量，他是抢不走的。"

由于金晶曾经是击剑运动员，虽然行动不便，但臂力超强，凭这种身体力量火炬不会被抢走；另一种力量则是来自精神上的，金晶说过，"保护圣火是我的使命"。正是这两种力量的凝聚，让暴徒的阴谋无法得成。

这两股力量正是来自对圣火、对国家的责任感，可以说是一种超脱自我的责任感和精神。

看完金晶勇护圣火的故事，在感动之余，身处职场的我们是不是明白了这样一个道理：一个人的能力大小不是主要的，主要看你对工作、对事情有没有责任心，敢不敢负责任。即使你的能力再大，很能办事，但由于你没有履行自己神圣的职责，不负责任，也很容易把事情办坏。

责任，不仅是一种品德，更是一种能力，而且是其他所有能力的核心。一名员工的学历、能力、才华固然重要，但责任心更为重要。水平和能力可以经过后天的努力来培养，但是如果缺乏责任心，则所有努力都将失去

没有责任心，哪来执行力

意义。

任何一个管理者，都很注重员工的责任心。责任心是做好工作的第一要素，比任何能力都重要。因为有责任心的人工作会很努力、很认真、很仔细，这样就可以确保工作少出差错；因为有责任心的人会把圆满完成工作当成自己的任务，为了完成工作会做一切努力，包括努力学习新知识、总结工作经验，他们的一切行为都是为了一个目标，即更有效地完成工作。

责任，说到底是一种勇于负责的精神，一种自律的品格，一种认真的态度，一种天赋的使命，一种至高的信仰，一种昂扬的荣誉感，一种力量的源泉，一种不息的信念，一种道德的承载，一种赤子的忠诚，一种深沉的执著，一种纯粹的坚守，一种完美的追求……一名员工应该深深懂得，唯有责任才能保证一切：信誉、质量、服务、敬业、创造、效率、生命力、竞争力、成果、完美……正是这一切，保证了企业的竞争力，保证企业立于不败之地。

有责任心的员工，是企业永远的"根本"。

阅读思考

（1）看完金晶勇护奥运圣火的故事，你有哪些感慨？如果你是金晶，也会奋不顾身、勇护奥运圣火吗？

（2）请举出身边的实例来阐述"责任心比能力更重要"这一理念。

2. 既要有能力，又要有责任心

在任何企业或组织里，总会同时存在五种人：有能力，又有责任心，称为极品；能力一般，有责任心，称为良品；能力好，责任心一般，称为次品；能力差，责任心差，称为废品；能力超强，没有责任心，称为毒品。

一个人如果责任心不强，能力差一点，还不至于有大的危害。恰恰是一个能力非常强、智商非常高的人，如果品质败坏，野心很大，对企业没有责任心，那他所造成的危害就会非常大，有时甚至会达到致命的程度，断送一个单位、一家公司。

巴林银行成立于1763年，被称为英国银行界的泰斗，享有"女王的银行"之美誉。

1995年2月27日，国际金融界传出一条举世震惊的消息：有着232年灿烂历史、4万名员工、全球几乎所有的地区都有分支机构、曾一度排名世界第六的英国巴林银行，宣布倒闭。消息一经传开，全球无不感到惊愕，人们不禁要问："到底是什么原因造成了这一悲剧？"

造成这一悲剧的直接原因，是该行新加坡分行交易员尼克·里森在未经授权的情况下，赌输了日经指数期货，却利用多个户头掩盖其损失所致。

尼克·里森当年28岁，是巴林银行新加坡分行的经理。他25岁时到巴林银行，主要是做期货买卖，1992年被委以主持巴林银行在新加坡期货业务的重任。里森上任初期，业务表现非常出色，1993年为巴林银行赚了1400万美元，他本人从中获得100万美元的奖金，一个人挣的钱能达到整个银行所有其他人挣钱的总和。

巴林银行的高层决策者认为里森是一位才华出众的金融新星，对他委以更大的重任，让他既主管前台的交易，又负责后台报表统计，并直接向伦敦负责，对他的决策和管理能力及对银行的责任心毫无戒疑。

然而，里森对公司毫无责任心可言，他只想到他能拿多少年终奖，能挣多少钱。在这种念头的驱使下，他终于铤而走险。

从1994年年底开始，里森认为日本股市将上扬，未经批准就做风险很大的被称为"套汇"的衍生金融商品交易，期望利用不同地区交易市场上的差价获利。在已购进价值70亿美元的日本日经股票指数期货后，里森又在日本债券和短期利率合同期货市场上做价值约200亿美元的空头交易。不幸的是，日经指数并未按照里森的想法走，在1995年1月就降到了18500点以下，在此点位下，每下降一点，就损失200万美元。里森又试图通过大量买进的方法促使日经指数上升，但都失败了。随着日经指数的进一步下跌，里森越亏越多，眼睁睁地看着10多亿美元化为乌有，而且整个巴林银行的资本和储备金只有8.6亿美元。

眼看这个失误带来的恶果越来越严重，里森深知无力回天，于1995年2月22日在办公室留下一张条子，声称自己失误并道声"对不起"，便潜逃了。

在短短不到3年的时间内，里森以特殊账户，以偷天换日的手法，掩盖自己错误的交易，造成的损失达14亿美元。真相大白后，有232年历史的英国巴林银行轰然倒下。最后以1英镑的象征性价格，被荷兰皇家银行收购，现改名为霸菱银行。

巴林银行的倒闭，是因为当事者尼克·里森缺乏长久的责任心所造成的。尼克·里森一开始也是尽心尽力地为银行负责，但时间一长就被一时的胜利冲昏了头，完全丧失了对银行的长久责任心，以至到了后来为掩盖一个个的失误而造成百年银行的倒闭。

缺乏责任心，能力越强的人给企业造成的危害就会越大，这是导致巴林银行的尼克·里森的案例带给我们刻骨铭心的警示。

无论企业管理制度多么严谨，一旦雇用没有责任心的人，就像组织中的深水炸弹，随时可能引爆。

北京高校毕业生就业指导中心曾对150多家国有大中型企事业单位、民营及高新技术企业、三资企业的人力资源部门和部分高校进行了一项调查，结果显示：既有能力又有责任心的大学生最受用人单位的欢迎。

他们一致认为，宁可要一个对企业有责任心、哪怕能力差一点儿的员工，也不愿意要一个能力非凡但责任心不强的员工。

对于企业来说，它的发展和壮大都是靠员工的责任心来维持和实现的。其实，联系目前的职场现状，很容易理解领导们选择"责任心"的苦衷：有能力的人才易得，既有能力又有责任心的人才难求！

在教育蓬勃发展的今天，高学历的人才太多了，有才华有能力的人太多了，但有才华有能力又有责任心的人却仍存在大量缺口。对一名员工来讲，能力与责任是不可分割的！要想把工作做好，既要有能力，又要有责任心。

袁政海，江西省江铃汽车集团公司模具班长。1990年进入江铃模具班组工作，始终爱岗敬业，勤奋学习科学知识，潜心钻研岗位技术，在工作中一直尽职尽责，用自己的行动诠释着责任的内涵。

袁政海作为江铃汽车集团公司模具厂的一名模具钳工，主要从事模具的制造与调试工作。

他23岁取得了技师资格证书，27岁就成为当时最年轻的"全国技术能手"、"高级技师"；他不仅精通钳工，同时持有6项操作技能的"上岗证"；他直接参与的技术改进项目41项，其中5项荣获公司技术进步奖。

他就是这样一步一个脚印，在实践中创新，在创新中超越。十几年来，创造性地为江铃汽车集团公司的生产解决了许多急、难现实问题。

1994年，江铃集团为了培养自主研发制造超大型模具的能力，决心自制TFR大型纵梁复合模。袁政海担起这一重任，负责模具的气动翻转、自动卸料的装配和调整。在只有示意性简图、制造难度相当大的情况下，袁政海凭着过硬的本领，仔细研究大量国外引进的模具，将各种管线与气动元件巧妙地布置在模具内，使之翻转灵活、运行可靠，而且对模具部分结构进行了修改，使其性能更加完善。

日本五十铃专家在看了袁政海制造的模具后，认为完全达到了进口原模具的水平，连声称赞："江铃的工人，了不起！"此项目获江铃汽车集团公司技术进步一等奖，为公司节约费用20多万元。

2003年，袁政海用一年半的时间开发出英国一公司3年才开发出来的全顺车下摆臂模具，每年为江铃节约成本435万元。

从五十铃到全顺，江铃技术上的每一项创新和飞跃，都记载了袁政海的每一次进步和超越。17年来，袁政海参与公司的技术改进项目达40多项，为公司节约资金近500万元，使江铃模具制造处于行业领先水平。他所率领的"袁政海班组"参与企业重要技术改革新项目170多项,有130项技术攻关、技术改进项目获奖,直接创造经济效益1300多万元。在他的带领下,该班组共有48人获得奖励和荣誉称号,10人成为高级技师,2人成为技师,16人持有4项以上技能的上岗证。

在这个世界上,并不缺乏有能力的人,像袁政海这种既有能力又有责任心的人才是每一个企业都渴求的理想人才。

阅读思考

(1)巴林银行的倒闭,是因为当事者尼克·里森缺乏长久的责任心所造成的。这个案例带给我们哪些刻骨铭心的警示?

(2)扪心自问,你是一个"既有能力,又有责任心"的员工吗?你打算如何在工作中提升自己的能力和责任心?

没有责任心，哪来执行力

3. 责任能让你的能力展现最大的价值

责任胜于能力，能力永远由责任承载。在工作中，每个人自身的能力只有通过尽职尽责地工作才能得到完美的展现，只有履行职责才能让自己的能力展现出最大的价值。

一个人的能力想要有所体现，必须借助一定的条件。而这个条件就是要勇于承担责任，只有这样的人才会在公司最需要的时候挺身而出。为了公司的利益出谋划策，帮助公司实现最大的利润效益。与此同时，还可以实现自己人生的飞跃，将自己的能力完美地展现出来，从而创造出最大的价值利益。

2009年9月，众多媒体报道了一个"担当责任，让自己的能力展现最大价值"的高级工人技师李黄玺。

李黄玺，1950年生，山西省忻县人，大学专科，中国第一汽车集团公司铸造有限公司铸造二厂维修工人，高级工人技师。20多年来，李黄玺以高度的主人翁责任感和坚韧不拔的意志，勤奋学习，刻苦钻研，勇攀高新技术的巅峰。

自1991年以来，他运用机、电、钳、液压、气动和计算机等方面的技术，先后攻克国际上刚刚兴起的伺服驱动系统等63项技术难关，成功改造了4条具有国际先进水平的造型自动线，并获得9项国家专利，为企业创造了过千万元的经济效益，为中国汽车工业做出了突出贡献。他先后被授予一汽集团公司劳动模范、长春市特等劳动模范、吉林省十大能工巧匠、全国劳动模范等荣誉称号。

1991年，厂里引进2号造型线时，外方对中方实行了技术保密。线上的动作指令代码没人能看明白，而看不懂指令代码，就意味着设备一旦出了故障，企业就成了"睁眼瞎"，不得不请外国专家来扶着自己走路。而一位外国专家来工作不到十天，一汽光劳务费就要付出好几万元。李黄玺暗下决心，一定要破译这些代码，为企业节省成本。他土法上马，开始了"破译"工程。当时，李黄玺只有中华学习机为主体的家庭电脑系统，既没有打印机也没有复印机，更没有高性能的破译软件。只能先把造型线上的16000多个动作指令的机器码录到磁带上，再通过磁带把机器码放到电视屏幕上，将一串串谁也读不懂的代码，变为谁都看得懂的中文指令和说明文字。

1991年，就在二铸厂马上要举行全部生产线开工的剪彩仪式时，2号线突然出现主机与精密带不同步的故障。经反复核对指令，也查不出原因。二铸厂只好咨询这条线的国外供货厂家。电传发到这家公司的香港代理处，再由香港代理处传到外国公司总部，由外国公司总部遥控指挥，不断发来电传指令。三天过去了，在这条特殊的跨国热线上，电传指令发来了十几个，但故障仍然没有排除。李黄玺急了，他将成捆的图纸用自行车驮回家，一个一个排除疑点，连续干了三个晚上。到第四天夜里，李黄玺找到了故障原因。天还没亮，他就赶到厂里，这时，国外公司还在不断传来指令，但李黄玺果断地按照自己的指令进行操作，将输入数据顺序进行了颠倒，迅速排除了故障。顿时车间变成了一片欢呼的海洋。

消息传到设备原产国，外国专家都颇为惊异，对李黄玺的技术大加赞赏。

1995年，二铸厂的生产任务十分繁重，要靠加班加点才能保证装车的需要。忙中添乱，2号线浇注机的意大利产变频器突然坏了。向国外再订货需要22万元人民币，还要停产3个月。车间领导十分焦急，请来国内专家帮助修复，对方认为短期修复的可能性不大。李黄玺又琢磨开了，他想，进口设备虽然先进，但并不神秘，应该可以设计出一种国产的变频器替代品。李黄玺猛啃了两大本变频器说明书，反复对比两种变频器的功能和数据。他自己设计，自己编程序，三次修改方案，最后终于成功地设计出价值2万元的国产变频器，不仅使车间生产未受影响，还为国家节省了20万元人民币。

1996年，2070挤压造型线由于砂眼产生大量废品，国外厂家派来专家检查，并连续提出4种解决方案，但实施后均告失败。李黄玺认为，只要组装一套自动吹砂系统，砂眼的废品率就可以降下来。可这样做国外没有先例，外国专家不想参与。外国专家回国后，李黄玺自信有把握解决这个问题，就向厂里提出了解决方案。厂里大力支持，并派得力的技术人员和他一起设计，这个设计非同一般，它等于给人的大脑做手术，弄不好就会造成设备的全线瘫痪。李黄玺一条线一条线地查，反反复复地核对，经过一个多月的苦干，终于成功地拿出了他的自动吹砂系统，砂眼废品率一下子降下来。消息传到国外，外国专家非常震惊，本来有关设备的原始资料对我方是保密的，但他们被李黄玺的技术水平所折服，便将图纸作为私人馈赠寄给了李黄玺。

10多年来，二铸厂的四条生产线上有多少程序出自李黄玺的手，只有他自己知道。工人们自豪地夸耀说：是李黄玺给这些洋设备注入了纯正的"中国血统"。据初步统计，李黄玺的技术改进与创新直接为企业创造价值达1600万元。

李黄玺用行动诠释责任，他心里始终有一个信念，那就是永远站在时代的前列，安心从事平凡的工作，面对新技术的挑战，迎难而上。他开创了一个普通工人用知识加汗水为工厂多做贡献的先例。

李黄玺的故事告诉人们，一个人只有以负责的态度对待工作时，才会解决各种难题，也才会使自己的能力发挥得淋漓尽致。相反，一个逃避责任的人不仅是对自己能力的践踏，也是对自己开拓精神的扼杀。一个人智商的高低、经验的多寡、能力的大小并不重要，关键在于你是否带着高度的责任心去解决问题。

现实中，当执行任务遇到困难时，逃避责任的人会对自己或同伴说："算了，太困难了，到时不管谁问起来，我们就说条件太缺乏。"这样的员工，是逃避责任的人。逃避责任的人，也许可以得到暂时的"清闲"，却失去了重要的成长机会。什么事情都不做，到哪去学习技能，又要到哪去积累经验呢？

富有责任心的员工富有开拓和创新精神。富有责任心的员工，会想尽一切办法完成公司交给的任务。条件不具备，他们会创造条件；人手不够，也知道自己要多做一些、多付出一些精力和时间，主动克服困难。他们不管被派向哪里，都不会无功而返，都会在不同的岗位上，让自己的能力展现出最大的价值。

没有责任心，哪来执行力

阅读思考

（1）为什么说"履行职责才能让能力展现最大价值"？你认为，如何做才能让自己的能力展现出最大的价值？

（2）看了李黄玺用行动诠释责任的故事，你有何感想？在工作中，你遇到过类似的难题吗？你当时是如何做的？如果今后再遇到类似的难题，你会怎么做呢？

4. 信守责任，将个人能力发挥到极致

现代职场中并不缺少有能力的人，而是缺少责任与能力并有的人。只有责任使然，才能让每个人拥有勇往直前的勇气，才能使每个人产生强大的精神动力，才能使每个人积极地投入工作中，并将自己的潜能发挥到极致。

责任可以使我们战胜胆怯，变得更加勇敢，责任可以激发我们的潜能，让我们完成不可能完成的任务。

在巴西有这样一个故事。

一列火车刚刚发动，一节车厢里便传出一阵痛苦的呻吟。

大家寻声望去，是一位年轻的妇女，痛苦使她的身体扭作一团，蜷在座位上。列车员走过去，询问后才知道，妇女要生孩子了。坐在她身边的丈夫很紧张，他告诉列车员，妻子以前难产过一次，孩子没保住。

车厢最后一排座位很快被腾空，妇女被平放在座位上，列车员拉起一张布帘子挡着她。

列车员迅速广播通知，紧急寻找一位妇产科医生。

这时，一位20岁出头的姑娘害羞地站了起来，小声地对列车长说她是

一名护士。

"在这里，你就是专家，"列车长的眼中满含着信任，"相信自己。"

姑娘用更低的声音说："我毕业不到一个月，就因为粗心被医院辞退了，已经很久没有从事医护工作了，而且，从来没有接生过，她还有难产经历呢。"

"孩子，那只是过去，你行的。"列车长说。

姑娘脸上在一瞬间掠过神圣无比的表情，只见她昂首挺胸、信心百倍地走向了车厢后面。

差不多半个小时后，孩子清脆的哭声从车厢后面传来，一直悬着心的乘客们热烈地鼓起掌来，接生的姑娘脸上有汗水也有泪水。

"你从来没有接生过，你是怎么做到的啊？"有乘客问那位姑娘。

"事实上，我对接生的认识，仅仅局限于教材上那一点点，是责任引爆了我的潜能，是责任给了我力量！"姑娘说，"列车长说我是专家，让我明白了，在这里，只有我能够完成接生这个任务，而且作为这里唯一一个学医的人，我应该担负起这份责任。"

"责任引爆我的潜能"，多么精辟的话语啊！把重大的责任放在一个人的肩头，这样自然就会把他全部的潜能激发出来，并促使他运用自己的全部力量去完成任务。

人体内的潜能就是一枚"定时炸弹"，只有等到面临绝境之时，或者伟大的责任降临到肩上的时刻，它才会"被引爆"。同样，在工作中我们应付困难的能力和创造事业的才能，也常常只有在重大的责任压力下才会被激发出来。

万胜强是中国一航西安飞机工业集团的一名铆装钳工，他由一名普通的技校毕业生，迅速成长为国外航空零部件生产中的高级技能人才。参加工作十余年来，将企业当成自己的家，胸怀"航空报国、追求第一"的理念，在自己的岗位上做出了非凡的贡献。而这份成就的取得，正是源于他对企业发展的责任心与荣誉感。

万胜强在西飞国航总厂从事国外航空零部件加工工作。这些零部件都将用于国际一流航空公司，结构复杂，技术难度高，质量要求严格，产品加工质量和进度直接关系到中国企业的形象甚至国家声誉。

在意大利航空公司ATR72机身16段第一架份的生产中，因零件耽误导致生产交付周期仅有11天。要在如此短暂的时间内完成这样重的任务几乎是不可能的事。但万胜强还是迎难而上，接下了这个任务，因为他认为完成这个任务是自己义不容辞的责任，不能为此而推脱。就这样，万胜强与全班的同事们发扬团结拼搏、连续作战的精神，终于以质量零问题的佳绩胜利完成任务，创造了意航16段生产的奇迹，受到了西飞集团的通令嘉奖。

在英国宇航公司一、二阶段及波音公司737—400客改货工作中，万胜强充分发挥了高级技术工人的能动作用，解决和排除了生产中许多疑难问题和故障，为公司转包生产上批量生产和新产品试制，做出了突出的贡献，成为岗位上成长起来的新一代"工人铆接技术专家"。他参加工作以来的10年间，从未发生过任何质量和技术事故。

对工作的责任感，使得万胜强获得了一系列荣誉。2004年10月，美国波音公司将"波音信得过员工"奖牌和证书交到他手中。波音公司规定，凡获此殊荣的员工在任何情况下都不得解雇，万胜强成为亚洲第一个获此殊荣的工人。

没有责任心，哪来执行力

此外，他先后获得中国一航首届职业技能大赛飞机铆工第二名、"航空技术能手"、"陕西省十大杰出青年"、"陕西省青年突击手标兵"、"全国青年岗位能手"和"全国技术能手"等称号。2007年，又获得了由共青团中央、原劳动和社会保障部在全国评选的首届"中国十大杰出青年技师"荣誉称号。

可以说，信守责任将个人能力发挥到极致，是万胜强获得成功的重要原因。

如果一个人对工作认真负责，那么，无论他在哪儿，都会是最受欢迎的那个。因此，我们在接受任何工作时，都必须让自己保持高度的责任心，尽心尽力地对待工作。只有怀着强烈的责任心，才能将自己的能力发挥到极致，在解决问题的同时，也能激发出自身的工作潜能，取得的成绩自然得到上级和同事们的肯定。相反，责任心的丧失必然导致工作的马虎甚至失误，不仅对自身的职业发展产生不良的影响，对企业也可能会造成无法估量的损失。

💡 阅读思考

（1）为什么责任可以激发我们的潜能，能将个人能力发挥到极致？请列举你所知道的例子。

（2）看了文中的两个案例，你受到了哪些启发？

第 4 章 承担责任,放弃借口

没有责任心，哪来执行力

1. 责任面前，没有任何借口

借口是衡量员工有无责任心的标准。不要利用任何借口来掩饰自己的过错，从而忘却自己应承担的责任。借口只能让你的情绪获得短暂的放松，却丝毫无助于问题的解决。

有一次，海尔集团总裁张瑞敏和副总裁杨绵绵率高层人员前往西安分公司视察工作。当飞机慢慢降落西安咸阳机场时，海尔集团营销中心驻西安分公司经理已经在机场大厅出口迎接张瑞敏、杨绵绵一行。

在去分公司的路上，杨绵绵请西安营销经理介绍一下海尔产品在西安市场的营销情况。于是，经理开始用数据说明销售情况，但当被问到一个敏感问题时，他却为自己找了很多借口想搪塞过去。

张瑞敏立刻打断他的汇报，说："我想给大家讲个故事——美国的西点军校是世界非常有名的军校。该校有个悠久的传统，即在长官问话时，学生或下级军官只能选择四种标准答案中的一种：'报告长官，是'，'报告长官，不是'，'报告长官，没有任何借口'，'报告长官，我不知道'。选定其中任何一种，都要对此回答承担责任，别的话都不要说了……"

听完这个故事，大家都明白：向领导汇报工作时，不能找借口；在责任面前，也不能找任何借口。找借口，就意味着对工作不负责任，就意味着没有责任心。一个没有责任心的人，是不能完成工作任务的。

在激烈的市场竞争中，只有成功和失败。失败就是失败，失败没有任何理由解释，失败就意味着在竞争中落后被动。在海尔，"只为成功找出路，不为失败找理由"是备受推崇的一个理念。正是这样的一个理念，激励着海尔的每一名员工为实现目标而出谋划策，兢兢业业地工作。工作中出了问题马上找原因，想办法解决。

在职场中，有两种人：一种是不找任何借口踏踏实实做事情的人，另一种是整天找借口为自己开脱的人。我们经常会听到各种各样的借口："那个客人真烦，我对付不了了"，"我现在下班了，明天再说吧"，"我明天有事情，完不成这个工作"，"我很忙，现在没空"，"这件事不能怪我，我已经尽力了"，"这不是我的责任"等。

借口就是一块敷衍别人、原谅自己的"挡箭牌"，就是一个掩饰弱点、推卸责任的"万能器"。有很多人都把宝贵的时间和精力放在了如何寻找一个合适的借口上，而忘记了自己的职责。

一名不负责任的员工往往会找很多借口为自己辩解，一名有责任感的员工会时刻要求自己，因为责任面前没有任何借口。

有些员工在工作中犯错，当上司指责他时，他会马上找出一大堆借口来为自己辩解，并且说得振振有词，头头是道。比如，"交货延迟，这完全是企管部门的不好"，"质量不佳，这都要怪质检部门工作疏忽"，"我的工作都是按公司要求做的"等。

有些人认为这些借口能把自己的错误掩盖住，把责任推个一干二净，但事实并非如此。上司可能会原谅你一次，但他心中一定会感到不快，对你产生"怕负责任"的不良印象。你的做法不但不能改善现状，所产生的负面影响还会让情况更加恶化。

如果你发现自己经常为了没做某些事或做不好某件事而编造借口，或想出千百个理由来辩解，那么最好自我反省一下，别再自欺欺人了，躲在借口这块"挡箭牌"的背后，只能让你一辈子站不起来。

任何借口都是推卸责任。在责任和借口之间，选择责任还是选择借口，体现了一个人的工作态度和职业素养。我们在工作的过程中，总会遇到挫折，我们是知难而进，还是为自己寻找逃避的借口？

当你为自己寻找借口的时候，不妨听听下面这个故事，也许你能从中汲取你所需要的精神营养。

在一个漆黑的夜晚，马拉松选手艾克瓦里吃力地跑进了墨西哥市奥运体育场，他是最后一名抵达终点的运动员。

这场比赛的优胜者早就领了奖杯，颁奖仪式早已结束，当艾克瓦里独自一人抵达体育场时，整个体育场已经空荡荡了。艾克瓦里的双腿绑着绷带，沾满了血污，他努力地跑完体育场一圈，到了终点。在体育场的一个角落，享誉国际的纪录片制作人格林斯潘默默地看着这一切。在好奇心的驱使下，格林斯潘走了过去，问艾克瓦里，为什么要这么吃力地跑到终点？

这位来自坦桑尼亚的年轻人轻声地回答说："我的国家从两万多公里之外送我来这里，不是仅仅叫我在这场比赛中起跑的，而是派我来完成这场比赛的。"

艾克瓦里在比赛中受了伤，他完全可以有理由找借口退出比赛，但他没找任何借口,也没有任何抱怨,职责就是他一切行动的准则。

"没有任何借口"做事情的人,他们身上所体现出来的是一种服从、诚实的态度,一种负责、敬业的精神,一种完美的执行力。

不要让借口成为你成功路上的绊脚石,搬开那块绊脚石吧!把寻找借口的时间和精力用到努力工作中来,因为在责任面前没有任何借口,在工作面前没有任何借口,失败没有任何借口,成功也不属于那些寻找借口的人!

阅读思考

(1)"责任面前,没有任何借口",你认同这句话吗?为什么?

(2)是什么力量使在比赛中受了伤的艾克瓦里跑到了终点?如果你是艾克瓦里,你也能吃力地跑到终点吗?

没有责任心,哪来执行力

2. 借口不是推卸责任的"挡箭牌"

在现实生活中,我们经常听到各种各样的借口:上班迟到是因为"路上堵车",工作没做好是因为"我没有接受过类似的培训",任务完不成是因为"我最近太忙",在办公室打瞌睡是因为"昨晚加班了",合同没搞定是因为"那个客户太挑剔了",等等。借口似乎无处不在,很多人把宝贵的时间和精力放在了如何寻找一个合适的借口上,整天在借口中打发着日子,而忘记了自己的职责。

凡是不良习惯,都会给人带来不同程度的危害,借口带来的危害绝不容轻视。借口的实质是推卸责任,就是把属于自己的过失掩饰掉,把自己应该承担的责任转嫁给社会或他人。

在《检察日报》上看到郭树合写的一篇文章,文章说,一些被查处的腐败分子总结自己的堕落原因时,都会找各种各样的借口:"礼尚往来,不好拒绝","领导干部也是人,也有七情六欲","大环境就是这样,我也没办法","你不送礼,就争取不来项目,要不来资金","你不收礼,就会与人家疏远,在社会上就无法立足","你不跑不送,只能原地不动,甚至会被淘汰出局",等等。正是这些"理直气壮"的借口,让一些党性不强的党员干部陷入泥潭不能自拔，最终在"你送我也送，你收我也收，你干我也干"的扭曲思想支配下，走上不归之路。

殊不知，借口是做错事的"挡箭牌"，是敷衍别人、逃避责任、原谅自己的"护身符"。一个人做了错事，若想给自己找借口，可以有成千上万条理由响应你、支持你。结果呢？这些借口并不能掩盖已经出现的问题，这些理由不会减轻你所要承担的责任，更不会让你把责任推卸掉。

很多人在工作中喜欢寻找各种各样的借口来为自己遇到的问题开脱，他们好像有找不完的借口。

因为有各种各样的借口可找，他们自然就对工作疏于努力，也不会去自省；不是想方设法争取成功，而是把大量时间和精力放在如何寻找一个合适的借口上面。

久而久之，这类人就会形成这样一种状态：出现问题不是积极、主动地加以解决，而是千方百计地寻找借口来辩解为什么事情无法完成。把"事情太困难、太花时间"等借口合理化，以换得他人的理解和原谅，求得心理上的平衡。借口在这里变成了他们的一块"挡箭牌"。

有一位刚毕业的女大学生，因为学识不错，形象也很好，被北京一家很有实力的公司录用了。但她有一个很不好的毛病，就是做事不认真，碰到了困难总是找借口推卸自己的责任。

刚开始上班时大家对她印象还不错。但没过几天，她就开始迟到，上司提醒了她几次，她总是找这样或那样的借口来解释。

一天，上司安排她到清华大学送材料，要去三个地方，结果她仅仅去了一个地方就回来了。上司问她未完成工作的原因，她解释说："清华好大啊。我在传达室问了几次,才问到一个地方。"

上司生气了:"这三个单位都是清华有名的单位,你跑了一下午,怎么会只找到这一个地方呢?"

她急着辩解:"我真的去找了,不信你去问传达室的人!"

上司心里更有气了:"我去问传达室干什么?你自己没有找到地方,还叫上司去核实,这算怎么回事?"

其他员工也好心地帮她出主意,谁知她不但不理会同事的好心,反而还很不服气地说:"反正我已经尽力了……"

那位上司很生气,心想,你尽了全力也就这种办事水平,以后也不会有提高的,于是就把她辞退了。

在职场上像这位女孩这样的人,肯定不少,这件事没办好,就找借口把过错推卸到另一方面。而另一件事又没办好时,回头又把责任推卸到这一件事上来。一句话,不是我不行,实在是客观原因太多。

这样的人,一旦找到了一个好借口就能把自己的失败遮掩过去,于是就把借口当作"挡箭牌",把自己没能尽到的责任,全部推到"挡箭牌"身上。

遇到问题或犯了错误,一些人首先想到的不是勇敢地去承担责任、去面对问题、去有效地解决问题,而总是想方设法为自己的过失寻找或多或少、或合理或不合理的理由,目的就是推卸责任,为自己的过失开脱。借口成了一块"挡箭牌",这本身就是一种不负责任的态度,一种执行力不强的表现,也是一种无能的表现。

总是为自己寻找借口的人,常常沉浸在借口为自己带来的暂时的舒适和安全之中。殊不知,正是在种种借口之中,人的进取心不知不觉地丧失了，责任感也渐渐委顿了，人变得懒惰起来，做事拖沓，没有效率，甚至消极怠工，无所事事，最终一事无成，一生就此荒废。借口虽是你推卸责任、敷衍别人、原谅自己的"挡箭牌"，却也是一剂人生的"麻醉剂"，会一点点地麻醉我们的精神和意志，让我们一生糊里糊涂，错过许许多多的发展机会。

有位哲人说过："原谅自己的第一次错误，就有可能原谅自己一千次、一万次。"面对自己的过失，不给自己任何借口，敢于纠偏改错，才能正视自我、完善自我、实现梦想，人生才会事业蓬勃、家庭幸福、前程似锦。

阅读思考

（1）你曾经用过借口这块"挡箭牌"吗？当时的情境是怎么样的，最后又出现了什么样的结果？

（2）想一想，把借口当作推卸责任、敷衍别人、原谅自己的"挡箭牌"的人，在单位里会获得上司的器重和同事的尊重吗？为什么？

3. 抛弃借口，勇于承担责任

在工作中，谁都不希望出现失误，但"人非圣贤，孰能无过"。在日常工作中，每个人都难免出现这样或那样的失误。

当失误发生时，有的员工首先想到的是推卸责任，想方设法向上司解释发生的失误和自己没关系。此时上司最急需的是解决方案，而不是员工们一个劲地回避责任。

在上司看来，一名员工对待错误的态度可以直接反映出他的敬业精神和道德品行。

宝洁CEO麦瑞博说："工作出现问题，是自己责任的话，应该勇于承认，并设法改善。慌忙推卸责任并置之度外，以为上司察觉不到，未免太低估上司了。我不愿意让那些热衷于推卸责任的员工来做我的部下，这会使我不踏实。"

对任何人来说，推卸责任都是有害无益的，这会断送一个人的前途，并注定一个人平庸的结局。

约翰是一家公司销售分公司的经理，他们的产品在他负责的区域与另一个区域接壤的地方发生了一起严重的质量事故。按规定，这种情况不应该由他处理，但负责那家分公司的经理陪同老总出国考察去了。约翰明白，按照惯例，这种情况必须由他出马，在第一时间内赶到现场处理。但是，基于对出事地域风土人情的了解和对处理同样事故的经验，约翰知道他面临的是一项非常棘手的工作，一不小心就会引火上身。于是，在总公司给他下指示之前，约翰以身体不舒服为由，向公司告假。

总公司下达指示时，助理接完电话向约翰汇报，约翰以身体不舒服为由，让助理赶去处理。助理欠缺经验，使麻烦升级，陷入僵局，总公司不得不另外派人去处理。最后，风波虽然得到了平息，但公司付出了很大的代价。

事后，总公司追究责任。经过调查发现，如果约翰在第一时间赶到现场处理的话，就不会造成这么大的损失。但是，约翰以自己告假为由，称自己并不知道这件事的具体情况，一切都是助理自作主张，带领一帮人去处理的。虽然约翰把责任推到了助理身上，但总公司还是对约翰的工作态度和人品产生了怀疑，害怕他今后继续耍弄这种伎俩，影响分公司的团结和业务的开展，过了一段时间，找了一个合适的机会就将他解聘了。

寻找借口虽然可以一时推卸责任，但是因影响了执行而给他人留下了不好的印象。

在工作中，员工与其为自己的失职找理由，不如大大方方承认自己的失职。上司会因为你能勇于承担责任而不责难你；相反，敷衍塞责，推诿责任，找借口为自己开脱，不但不会得到别人的理解，反而会让别人觉得你不但缺乏责任心，而且还缺乏诚意。

泰勒是一家大型汽车制造公司的车间经理，手下管着100多名安装技工。有一次，他带着几名员工安装一辆高级小轿车。安装完毕，恰逢总裁和他的几个朋友到车间巡视，其中有一位发现了这辆小轿车安装上的失误，因为总裁在场，泰勒担心自己挨训，就把责任推给了下属。总裁一看他这种做法，勃然大怒，当着全车间的人，把他训斥了一顿。

因为这件事，下属为他的行为感到羞耻，在内心深处开始鄙视起他的为人，并对他失去了信任感。在工作的过程中，下属有意识地排斥他，而公司高级管理层也对他有成见。他的工作再也不能顺利展开，车间安装成绩直线下滑，他也因此被公司降职。

每个人都应该勇敢地去承担那些属于自己的责任，遇到问题要敢于面对，勇于解决。无论当前的问题会产生多么严重的后果，我们都应该为自己的决定负责，心平气和地接受所有的结果。

在企业里，领导越来越需要那些敢作敢当、勇于承担责任的员工。放弃承担责任，或者蔑视自身的责任，这就等于在可以自由通行的路上自设路障，摔跤绊倒的也只能是自己。

在这个社会中，我们必须坚守责任，勇于承担责任。

有一家大型跨国公司，对采购部门的资金控制非常严格，并制定了一条硬性的采购制度，不可透支账户上的存款余额。也就是说，如果账户上没有资金，总公司就不会再拨款给分公司采购产品，直到分公司的财务重新把账户补满。这种情况往往要到下一个采购季节才能得以缓解。

纳什是这家公司的亚洲部采购主管，有一次，他听信部门经理助理的建议，大量采购了新加坡的一种产品，花掉了账户上的采购资金。就在采购完后没多久，纳什接到了部门经理的电话，要求他采购一批韩国企业生产的新式提包，这种款式的提包在欧洲市场上很受欢迎，公司建议分公司也采购一部分。

这让纳什措手不及，经理的指令必须执行，但是采购资金已经被透支了。没有资金，他用什么采购？于是他想向经理说明情况。这时，一位同事向纳什建议："不如你把责任推到经理助理身上，反正是他的建议。"

纳什拒绝了这个建议，纳什知道，采购物品的选择是自己的事，虽然是经理助理的建议让他透支了采购资金，但毕竟是他最终做的决定。于是，纳什如实汇报了采购新加坡产品的事情，并坦率地承认是自己的失误，并申请追加拨款，采购韩国提包。

听到这个消息，部门经理尽管很生气，但他很敬佩纳什及时弥补错误的做法，所以设法给纳什拨了一笔款项。纳什采购的那种新加坡产品和公司建议采购的韩国提包推向市场后，都引起了很好的反响，销售异常火爆。很快，纳什收到了总公司的表扬信。

面对错误，我们要勇敢地承认，并采取一切可能的措施去弥补，将错误造成的负面影响降到最低，这也是面对错误的最明智选择。

的确，由于我们的偶然不慎，工作中不可避免地会出现一些失误。产生失误并不可怕，关键是我们面对失误的态度。只要我们懂得承担责任，就比千万次苍白无力的辩解更具说服力，比千万次竭尽所能推辞责任更具有震撼力，也只有这样，才能成就大事业。

事实上，只有那些能够勇于承担责任的人，才有可能被赋予更多的使命，才有资格获得更大的荣誉。在任何一家公司，责任是员工生存的根基。因此，是否勇于承担责任正是优秀员工与一般员工的区别所在。

没有责任心，哪来执行力

阅读思考

（1）在工作中，当你犯了错误或出现失误的时候，你是隐瞒错误、推卸责任还是勇于承担责任？

（2）为什么"是否勇于承担责任正是优秀员工与一般员工的区别所在"？

4. 责任到此，不能再推

美国总统杜鲁门有一句著名的座右铭："责任到此，不能再推！"

这句话体现了一种主动承担责任的崇高的职业精神。如果我们每个人都按这句名言去做，也就不会出现那么多"踢皮球"的现象了，我们所工作的单位也就可以减少很多"内耗"，大幅度提升工作效率和工作质量了。

现实中，很多"踢皮球"的员工，不是想着怎样去承担自己应该承担的责任，而是怎样"保护"自己。当问题出现、该承担责任时，他们会说"这不是我的错"、"责任应该由某某来承担"、"某某部门太不负责任了"等。很多时候，不负责任地"踢皮球"，可能会酿成灾难性的损失。

在《责任便是机会》一书中，有这样一个真实的案例。

有一家生产日化用品的公司，由于厂房地势较低，每年都要经历一次至两次的抗洪抢险。有一年夏天，老板出差到广东去，临走时他叮嘱几位主要负责人："时刻注意天气预报。"

有一天晚上，远在广东的老板给几位负责人打电话，因为他看到天气预报说有雨，担心厂房被淹。当时，厂房所在地已经下雨了，可能由于天气关系，老板一连打了几个电话，都打不通，最后打到了财务经理的家里，让他立即到公司查看一下。

"嗯，我马上处理，请放心！"接完电话，财务经理并没有到公司去，他心里想："这事是安全部的事情，不该我这个财务经理去处理，何况我的家离公司还有好长一段路，去一趟也费事。"于是，他给安全部经理打了一个电话，提醒他去公司看一下。

安全部经理接到电话时有些不愉快，心里说："我安全部的事情，不需要你来管。"他也没有去公司，当时他正要打麻将，连电话也没有打一个，他心里说："反正有安全科长在，不用管它了。"

安全科长没有接到电话，但他知道下雨了，并且清楚下雨意味着什么，但他认为有好几个保安在厂里，用不着他操心。当时，他正在陪朋友喝酒，甚至把手机也关了。

那几个保安的确在厂里，但是，用于防洪抽水的几台抽水机没有柴油了，他们打电话给安全科长，科长的电话关机，他们也就没有再打，也没有采取其他措施，早早地睡觉去了。值班的那一位睡在值班室里，睡得最沉，他以为雨不会下很大。

到凌晨2点左右，雨突然大起来，值班保安被雷声吵醒时，水已经漫到床边！他立即给消防队打电话。

消防队虽然来得很及时，但由于通知太晚，6个车间还是被淹了5个，数十吨成品、半成品和原辅材料泡在水中，直接经济损失达300多万元！

事后，追究责任时，每一个人都说自己没有责任。

财务经理说："这不是我的责任，而且我是通知了安全部经理的。"

安全部经理说："这是安全科长的责任。"

安全科长说："保安不该睡觉。"

保安说："本来可以不发生这样的险情，但抽水机没有柴油了，是行政部的责任,他们没有及时买回柴油来。"

行政部经理说:"这个月费用预算超支了,我没办法。应该追究财务部责任,他们把预算定得太死。"

财务部经理又说:"控制开支是我们的职责,我们何罪之有?"

老板听了,火冒三丈:"你们每个人都没有责任,那就是老天爷的责任了!我并不是要你们赔偿损失,我要的是你们的态度,要的是你们对这件事情的反思,要的是不再发生同样的灾难,可你们却只会推卸责任!"

这个事例的确值得人们深思。如果事例中的每一个人都能做到"责任到此,不能再推",损失绝对不会那么惨重。

对于企业来说,在部门与部门之间、上司与下属之间营造一种没有任何借口的氛围,才有赢的可能。

美国怀丁机件生产集团公司出现了严重的效益下滑,在公司例会上,总经理就此事要求各部门的负责人谈谈自身的看法,以寻求解决问题的方法。

营销经理说:"最近销售做得不好,我们有一定的责任,但最主要的责任不在我们。竞争对手纷纷推出很多比我们好的新产品,这让我们很不好做,我觉得研发部门需要认真总结一下。"

研发经理说:"我们最近推出的新产品是少了些,但我们也有我们的难处啊!我们的预算那么少,而且这点少得可怜的预算,也被财务部门削减了!"

财务经理说:"是的,我是削减了你们的预算,但是你要知道,公司的成本在上升,我们当然需要重新考虑一下预算。"

这时，采购经理很生气说："我们的采购成本是上升了10%，可你们知道为什么吗？俄罗斯的一个生产铬的矿山爆炸了，导致不锈钢价格直线上升。"

"哦，原来如此啊！这样说，大家就都没有多少责任了？"总经理总结道，"看来，我只好去找俄罗斯的矿山了。"

这个故事很具有讽刺意义。如果你是其中的营销经理，那么想一想，销售做得不好，不但没有半丝羞愧，还很坦然地把责任都推到别人的身上，这样的经理又能在这个职位上再待几天呢？如果一个公司里充斥着这样的经理人，这个公司又能支撑几天呢？

有一个著名的企业家说过："职员必须停止把问题推给别人，应该学会运用自己的意志力和责任心，着手行动，处理这些问题，让自己真正承担起自己的责任来。"

在一次订单采集员的座谈会上，有位经理人偶然听到一位订单采集员对日常工作的感慨。那位订单采集员诉说的是一位客户对其投诉的事情：由于这位客户的联系电话出现了临时故障，订单采集员无法及时联系上他。于是，这位心急的客户拨打了其所在公司配送部的电话，配送部接电话的工作人员让这位客户拨打客户服务部的电话，客户服务部的工作人员又让客户拨打片区客户经理的联系电话，而这位客户经理却让客户拨打订单采集员的联系电话。由于已经快到了工作流程的收尾时间，而且这种紧俏货源数量有限，根本无法满足这位客户的需要，导致客户对这位订单采集员极为不满。"他进行了强烈的抱怨与投诉！而且还愤愤地说再也不买我们公司的产品了。"订单采集员说。

第4章 承担责任，放弃借口

在这个案例中，导致这种结局的人是谁？仅仅是订单采集员吗？不！是包括配送部、客户服务部以及客户经理在内的所有人员，他们把问题往下一个环节推，既耽误了处理问题的时间，又引起了客户的不满。虽然受到批评的人是订单采集员，但实际利益受损的却是公司。明智的老板应该杜绝公司内部发生这种情况。

责任来了，承担起来，这样的员工才是最有价值的人。作为企业的一员，企业的责任就是你的责任。责任不分你我，只要它出现在你面前，你就有义务承担。

所以，当我们在工作中遇到困难时，责任心有所倦怠时；当我们试图以种种借口来为自己"踢皮球"时，让这句话来激醒你沉睡的意识吧：记住，责任到我为止！

阅读思考

（1）看了文中两个"踢皮球"的案例，你有什么感慨？如果你是他们的老板，除了生气之外，你会采取什么措施？

（2）反思一下，自己是不是一个"踢皮球"的人。

（3）"责任到此，不能再推！"你熟知这句名言吗？你打算在工作中如何去践行这句名言？

没有责任心，哪来执行力

5. 明确岗位责任，才能更好地承担责任

在职场上，很多人不清楚自己的责任，倒是非常"清楚"他人的责任。当工作出了问题，他们不会在自己的身上找问题，而总是说"这是某某的责任"。尤其在责任模棱两可或者责任共担的情况下，他们总会想方设法把自己的责任推得一干二净。

周杰是某公司的财务总监。有一次，他下属的财务部在计算客户返利时，多记了8万元，而这8万元肯定是收不回来了。老板知道这事后很生气，他把周杰叫到办公室。

"你手下的人出了这样的问题，这么长时间，你竟然没有发现？"老板问道。

"这些返利通常是由营销部报到财务部，财务部签了字之后我再签，我事情太多，当时没有看清楚。"周杰说。

"没有看清楚？难道你的事情比我还多吗？"老板没好气地说。老板把周杰叫来问话，实际上也并不是要周杰承担造成损失的责任，只是给他敲敲警钟，不要让类似的事情再发生。周杰却以事情多为借口推卸责任，首

先从态度上就不过关，令老板非常失望。

周杰自知话没说对，赶紧表示立即处理，但他说出来的话更糟糕："我立即去处罚财务部经理。"

"处罚财务部经理？"老板终于愤怒了，"难道你认为自己就没有责任？难道你认为处罚就能够解决问题？我本来不想处罚任何人，但我现在觉得你才最该受到处罚，你的责任意识差到让人极度失望的地步了！这事应该由你负全部责任！"

作为财务总监，财务部出了问题，财务总监是有责任的。周杰没有弄清楚自己的岗位职责，一直在找借口为自己开脱，甚至还拿下属来垫背，这是让老板愤怒的根本原因所在。

身为职业经理人，对上要承担起属于自己所管辖系统的全部责任，对下则要勇于替下属扛起责任。只有这样，上级才会信任你，下属也才会追随你，进而主动站出来承担起属于他们自己的责任。逃避责任的职业经理人，上级无法放心，因为他们不知道以后还会不会出问题；下级则没有安全感，因为他们不知道下一回你还会不会拉他们做替死鬼。

当工作中出现问题时，一些当事人竞相推卸责任，还有一些人是故意模糊责任，甚至混淆责任，为自己推卸责任制造借口。其实，要解决这个问题很简单，就是认清自己的责任。

只有认清自己的责任，才知道如何承担责任；认清自己的责任，才能减少对责任的推诿。

南京明城墙是我国保存比较完整的古城墙，也是世界上现存最大的古代砖城，这与它所用砖块的质量不无关系。据记载，该城墙所用砖块都是由长江中下游附近的150多个府（州）、县烧制的。砖的侧面刻着铭文，除时间、府县外，还有4个人的名字，分别是监造官、烧窑匠、制砖人、提调官（运输官）。

砖上刻人名的用意，用现在的话来说，就是职责分明，责任到人。参与人员的名字都烧在砖上，清清楚楚，一目了然，一旦出现问题，谁也赖不掉。无论监造官、提调官，还是烧窑匠、制砖人，哪个环节出了问题，一样要被追究责任。这就使得参与人员丝毫不敢懈怠，尽职尽责地努力工作。最后交砖时，检验更为严格，由检验官指挥两名士兵抱砖相击：如铿锵有声、清脆悦耳而不破碎，属于合格；如相击断裂，责令重新烧制。正因为责任如此清楚，才保证了城砖质量上佳，以致南京明城墙历经600多年的风雨，仍巍然屹立。

现代公司几乎都制定了规章制度和岗位职责，员工要认真学习领会，明确自己应承担的责任，这样就会有效防止因懈怠责任导致发生不可避免的问题，自然也就不会为承担莫名的责任而感到委屈，更不会以不清楚责任为由而推卸责任。也只有认清了自己的责任，才能知道自己究竟能不能承担责任。一旦发觉自己力所不及，就要想方设法弥补自己的缺点，提升自己的能力，以后才能真正地把责任承担起来。

明确责任才会更好地承担责任，明确责任才不会找借口推卸责任，明确责任才能让借口无处藏身。

阅读思考

（1）为什么说"明确责任才会更好地承担责任"？请结合南京明城墙砖上刻人名这一做法谈谈你的理解和认识。

（2）看了文中的故事，你有什么感想？

（3）你清楚自己的责任吗？你是不是也推卸过本属于自己的责任？这种推卸责任的后果会给你职业生涯带来哪些影响？

6. 不要为自己的错误辩解和开脱

常言道:"智者千虑,必有一失。"一个人再聪明、再能干,也总有失误的时候。出现了失误,当务之急是什么?是急于解释失误的原因,说这些不是自己的错,还是赶紧弥补失误,亡羊补牢,将事情引向成功?

我们都知道正确的答案是后者,可是在实际工作中,很多人总是喜欢一再解释,喜欢为自己的失职辩解。

犯了错误,不肯承认自己的错误,反而找借口为自己开脱、辩解,归根结底是人性的弱点在作怪。一个人做错了一件事,最好的办法就是老老实实认错,而不是去为自己辩护和开脱。

毕业于常青藤联盟康奈尔大学的工程硕士杰克,有学识,有经验,但犯错后总喜欢找各种借口自我辩解。杰克受聘于通用电气分部,厂长对他很信赖,任何事都让他放手去干,结果总是失败,而每次失败都是杰克的错,可杰克都有一条或数条理由为自己辩解。因为厂长不懂技术,常被杰克驳得无言以对。厂长看到杰克不肯承认自己的错误,反而推脱责任,心里很恼火,只好让杰克卷铺盖走人。

犯了错误，如果能够主动承认，获得别人谅解的机会反而大大增加，那时错误也就变得没那么重要了。

日本的零售业巨头大荣公司中曾流传着这样的一个故事。

两个很优秀的年轻人毕业后一起进入大荣公司，不久被同时派遣到一家大型连锁店做一线销售员。一天，这家店在清理账目的时候发现所交纳的营业税比以前出奇地多了好多，仔细检查后发现，原来是两个年轻人负责的店面将营业额多打了一个零！于是经理把他们叫进了办公室，当经理问到他们具体情况时，两人面面相觑，但账单就在眼前，事实确凿。

在一阵沉默之后，两个年轻人分别开口了。其中一个解释说自己刚开始上岗，所以有些紧张，再加上对公司的财务制度还不是很熟，所以……

而在这时，另一个年轻人却没有多说什么，他只是对经理说，这的确是他们的过失，他愿意用两个月的奖金来补偿，同时他保证以后再也不会犯同样的错误。

走出经理办公室，开始说话的那个员工对后者说："你也太傻了吧！两个月的奖金，那岂不是白干了？这种事情咱们新手随便找个借口就推脱过去了。"

后者却仅仅笑了笑，什么都没说。这件事看似这样过去了，但那以后，公司里有好几次培训学习的机会都无一例外地给了那个勇于承担失误的年轻人。另一个年轻人坐不住了，他跑去质问经理为什么这么不公平。经理没有对他做过多的解释，只是对他说："一个事后不愿承担责任的人，是不值得团队信任与培养的。"

一个真正的成功者，一名真正优秀的员工拒绝寻找任何解释与借口。

寻找借口进行辩解实际上是通向失败的前奏，寻找借口只能造就千千万万平庸的企业和千千万万平庸的员工。这个时代要的是真正强大的公司，真正优秀的员工。拒绝寻找借口为自己辩解和开脱这种不负责任的行为，从心态上首先能让自己真正强大起来。

阅读思考

（1）出现失误或者犯错时，你是找借口为自己开脱、辩解还是主动承担责任？

（2）文中的两个年轻人为什么会得到公司不同的对待？这种结果说明了什么？

7. 主动负责，勇于承认错误并改正错误

人犯了错误往往有两种态度：一种是拒不认错，找借口辩解推脱；另一种是坦诚承认错误，勇于改正，并找到解决的途径。

每个人都有犯错误的可能，关键在于你认错的态度。只要你坦率地承担责任，并尽力去想办法补救，你仍然可以立于不败之地。

人人都会犯错误，但并不是每个人都敢于承认错误。

郭恒由打杂工步步高升，一跃而成为中国交建西部地区工程估价部主任，专门估算各项工程所需的价款。有一次，他的一项结算被一个核算员发现估算错了5万元。上级便把他找来，指出他算错的地方，请他拿回去更正，并希望他以后在工作中细心一点。

郭恒不肯认错，也不愿接受批评，反而大发雷霆。他说："那个核算员没有权力复核我的估算，没有权力越级报告。"

上级问他："那么你的错误是确实存在的，是不是？"

郭恒说："是的。"

上级见他既不肯接受批评，又认识不到自己的错误，本想发作一番，但念及他平时工作成绩不错，便和蔼地对他说："这次就算了，以后要注

意了。"

不久，郭恒又有一个估算项目被他的上级查出了错误。上级把他找来，刚说他的错误，郭恒就立刻翻脸，反驳上级说："好了，好了，不用啰唆了。我知道你还因为上次那件事对我有成见，现在特地请了专家查我的错误，借机报复。可是我想你一定不会得逞，这次我的估算不会有错的。"

上级等他发泄完了，便冷冷地说："既然如此，你不妨自己去请别的专家来帮你核算一下，看看你究竟错了没有。"

郭恒果然请别的专家核算了一下，发现自己确实错了。

上级非常恼火地对郭恒说："现在我只好请你另谋高就了，我们不能让一个不许大家指出他的错误、不肯接受别人批评的人，来损害我们公司的利益。"

自己犯了错却责备他人，是与同事相处的大忌。最受企业欢迎的员工应该敢作敢为，敢于承认错误。

勇于认错不仅是一个人应有的素质，也是一种难得的品德。看看被誉为日本经营之神的松下幸之助是如何面对自己的过错的。

一次，一位下属因经验欠缺而使一笔货款难以收回，松下幸之助勃然大怒，在大会上狠狠地批评了这位下属。

气消之后，松下为自己的过激行为深感不安，因为那笔货款发放单上自己也签了字，下属只是没把好审核关而已。既然自己也应负一定的责任，那么，就不应该这么严厉地批评下属。想通之后，他马上打电话向那位下属诚恳地道歉。恰巧那天下属乔迁新居，松下便登门祝贺，还亲自为下属搬家具，忙得满头大汗，令下属深受感动。

然而，事情并未就此结束。一年后的这一天，这位下属又收到了松下幸之助的一张明信片，上面还留下他一行亲笔字：让我们忘掉那可恶的一天吧，重新迎接新一天的到来。看了松下幸之助的亲笔信，该下属感动得热泪盈眶。从此以后，他再也未犯过错，对公司也忠心耿耿。松下幸之助向下属真诚认错成为整个日本企业界的一段佳话。

能坦诚地面对自己的弱点，再拿出足够的勇气去承认它、面对它，不仅能弥补错误所带来的不良结果，在今后的工作中更加谨慎行事，而且别人也会真心原谅你的错误。

有一位知名的企业总裁说过这样的话："我很希望我的下属都有承认错误的勇气。没有人不犯错，包括我自己在内。我不会因为谁犯了个小错就全盘改变对他的看法。相反，我更看重一个人面对错误的态度。"

作为一名员工，在工作中有失误并不可怕，可怕的是犯了错而不敢承认或执迷不悟。不怕犯错、知错认错、有错即改，这是做人的基本原则。有了这个原则，我们才能从错误中学到教训，才能让自己和别人不犯同样的错误。

有些人认为犯错误有失自尊，担心认错面子上过不去，而且还要承担责任，接受惩罚。但事实恰恰相反，勇于承认错误，给人的印象不但不会受到损失，反而会使人尊敬你、信任你，你在别人心目中的形象反而会高大起来。

杰克是一家商贸公司的市场部经理。在他任职期间曾犯了一个错误，他没经过仔细调查研究，就批复了一个职员为纽约某公司生产5万部高档相机的报告。等产品生产出来准备报关时，公司才知道那个职员早已被

"猎头"公司挖走了,那批货如果一到纽约,就会无影无踪,货款自然也会打水漂。

杰克一时想不出补救对策,一个人在办公室里焦虑不安。这时老板走了进来,看到杰克的脸色非常难看,就想问他是怎么回事。还没等老板开口,杰克就立刻坦诚地向他讲述了一切,并主动认错:"这是我的失误,我一定会尽最大努力挽回损失。"

老板被杰克的坦诚和敢于承担责任的勇气打动了,答应了他的请求,并拨出一笔款让他到纽约去考察一番。经过努力,杰克联系好了另一家客户。一个月后,这批照相机以比那个职员在报告上写的还高的价格转让了出去。因为勇于认错,工作努力,杰克得到了老板的嘉奖。

一个人犯了错误并不可怕,怕的是不承认错误,不弥补错误。

松下幸之助曾说:"偶尔犯了错误无可厚非,但从处理错误的做法,我们可以看清楚一个人。"老板所欣赏的是那些能够正确认识自己错误、及时改正错误并加以补救的员工。

多年前,作为花旗银行的副总裁,里德·卡尔因为建立公司的信用卡分部,使公司损失惨重。他诚恳地向公司承认了错误,并制定以后的工作计划以弥补错误。经过一番努力,最终渡过了危机,使分部转亏为盈。结果他因此大出其名而获得升迁。里德·卡尔的表现引起了上司的注意,在他们眼里,里德是个敢作敢为的人,这个错误不过只是在朝正确目标迈进途中所遇到的小挫折。

工作中,当你不小心犯了某种错误时,最好的办法是积极、坦率地承认和检讨，并尽可能地对事情进行补救。只要处理得当，你既能对事态的恶性发展有一个缓解的时间，同时也可以赢得更多人的信任和尊敬。

成功来自在错误中不断地学习，因为只要你从错误中学得经验吸取教训，就不会再重蹈覆辙。只要你坚持并且有耐心，认识错误，改正错误，弥补错误，就能吸取经验，取得成功。

阅读思考

（1）文中说"人犯了错误往往有两种态度"，自问一下，如果是你，你会选择哪种态度？

（2）你所在的单位有郭恒这样的员工吗？他们是不是受公司欢迎的人？

（3）工作中出现错误时，你会诚恳地承认错误并积极地寻求补救的办法吗？这样做，会给你带来什么？

第 5 章 增强责任心，创造新业绩

没有责任心，哪来执行力

1. 没有责任心，就没有工作绩效

什么是工作绩效？

"绩效"一词来源于管理学，绩效是通过一个统一的标准，通过结果和过程来综合考察一个人的能力，这个能力又可被划分为业绩和效率。如何体现一名员工的工作绩效呢？它集中体现为员工所拥有的工作效率和所创造的工作业绩。

时下，许多企业都在想方设法提高工作绩效。但是，尽管引进了先进的管理模式，可工作绩效并没有明显提高。

这是为什么呢？

答案就是员工缺乏足够的责任心。没有责任心，就没有工作绩效。

有一次，东方希望集团总裁刘永行访问韩国，被安排去一家面粉企业参观。然而就是这次普通的参观，给他带来了很大的震撼，回国后好几个晚上都难以入眠。

这家面粉厂属于西杰集团，每天处理小麦的能力是1500吨，却只有66名员工。一个只有几十名员工的小厂，其工作效率之高令刘永行惊叹不已。在中国，相同规模的企业一般日生产能力只有几百吨，但员工人数却高达上百人。东方希望集团效率要高一些，250吨处理能力的工厂一般雇用70～80人，但也已经是这个厂的6倍了。

为了弄清楚其中的奥秘，刘永行与这家工厂的管理层进行了深入的交谈，了解到他们也在中国投资办过厂，地址在内蒙古的乌兰浩特。当时的日处理能力为250吨，员工人数却高达155人。同样的投资人，设在中国的工厂与韩国本土的工厂生产效率居然相差10倍，效益自然也就不会太理想，磨合了一段时间，觉得没有改善的可能性，就将工厂关闭了。

两家工厂的效率为什么有如此大的差距呢？是设备的先进程度不同？不是。相反，韩国本土工厂是20世纪80年代投入生产的，而内蒙古的合资厂却是在90年代建起来的，设备比原来的还先进。是管理方法的问题？也不是。

最后，刘永行找到了主要原因——员工责任心差，工作做不到位。韩国人做事总是手脚不停，无论是工人还是管理人员。比如，某个人觉得自己的岗位比较空闲，就会做一些其他的事情，以节省人力。而中国大部分员工，仍存在把自己的工作做得差不多就够了的想法，所以绩效就低了。

刘永行先生最后总结说："如果我们每个人不是把事情只做9分，而是做足10分，如果整个企业都这样，我相信我们的员工就能拿比现在多10倍的工资。如果我们每个人的工作都改进一点，做足11分，尽到12分的责任，我们就能赶上欧美了。"

这是多么可怕的差距！同样的设备、同样的管理、同样的人员配置，工作绩效却存在如此大的差距，其关键就在于责任心的差别。没有高度的责任心是不可能创造出如此大的绩效的，我们每一位员工都应该用自己的责任心保证企业的绩效，这也是必备的职业素质之一。

没有责任心，哪来执行力

著名管理学大师彼得·德鲁克说："责任保证绩效。"这句话揭示了企业提高绩效的关键所在。一个高效的团队必然是由一群充满责任心的成员组成的。对于员工来说，要提升工作的业绩，必须增强自身的责任感；对于企业来说，提高团队绩效的最好方法就是增强员工的责任心。

责任是绩效的催化剂。责任与绩效之间的关系应该是成正比的：当责任意识提高时，绩效也会随之提高；反之，当责任意识下降时，绩效也会随之下降。所以，要提高工作绩效，首先要确保责任这一催化剂。

吴甘霖的《工作重在到位》一书中，有一个提升责任心就能提升绩效的案例。

李纬是北京某出版社的营销总监，在一次交流如何才能提升绩效时，他明确提出："在战略正确的前提下，关键就在负责任地去做事，把事做到位。"

李纬刚到出版社时，发现了一位清洁工，于是提拔这位清洁工为营销人员。大家都觉得很不理解，心里都在想：没错，她当清洁工是非常认真负责，但这并不能代表她就能做好销售啊？

但李纬却相信自己的眼光，因为通过观察，他发现这位清洁工身上有很多良好的素质：

第一，她工作特别负责。别人一天拖两次地，她拖四次；别人等纸篓满得都装不下了才倒，她则是看到纸篓半满就及时清理；别人干完活把工具往工具间一搁就算了，她不仅会把工具摆放整齐，还会把工具都清理干净⋯⋯

第二，她很爱学习。她经常在下班的时候借一本出版社出版的书回去看，有时候还会谈谈自己看书的体会，不少地方还颇有独到的见解。

第三，她性格开朗热情。两个人擦肩而过她都会主动打招呼，谁有什么事，只要是能帮上忙的，她都会主动帮忙。

李纬认为这些素质同样也是一名优秀的销售员应该具备的。

果然，这位大姐把销售工作做得也非常好。她把单位的事当成自己的事，就连在周末休息的时候都在调查本社出版图书的销售情况。有客户要货，不管时间有多晚，她都争取在当天送到，有时候晚上八九点钟了她还在加班。

不久之后，她成了社里的销售冠军！

这个榜样进一步激励大家，单位里出现了你追我赶的局面，大家都争先恐后地认真负责、把工作做到位，在客户追踪与服务上也比以前更加重视了。在不太长的时间内，出版社的销售额就得到了大幅度提升，创造了过去没有想到的高效益。

同样的单位，同样一群人，生产力却加倍提升了，这就是责任提升绩效所产生的奇迹。

绩效是检验责任心的标准，能带来业绩的员工是一个公司最宝贵的财产，一个员工要想获得长期发展，就要意识到自己的责任，并通过行动将责任转化为业绩，在自己的工作范围内把该做好的都做好。

责任保证工作绩效。当我们在工作中凡事都能尽职尽责、追求完美时，我们将会与"胜任"、"优秀"、"成功"同行。

阅读思考

（1）"没有责任心，就没有工作绩效"，你认同这句话吗？你是如何认识和理解的。

（2）请结合文中的案例谈谈责任与工作绩效之间的联系。

没有责任心，哪来执行力

2. 一流的责任心，创造一流的业绩

"天下熙熙，皆为利来；天下攘攘，皆为利往。"我们必须勇于接受并且客观看待这种现实——在企业和老板的心目中，其实最看重的是两个字——业绩。

业绩对员工和公司的重要性不言而喻，企业要蒸蒸日上需要好业绩；员工实现卓越也需要好业绩，没有业绩，一切都免谈。

那么，一名员工要如何提高自己的业绩呢？那就是提升自己的责任心。一流的责任心，才能创造一流的业绩。要干出一流的业绩，是要以强烈的事业心和责任心做保证的。

一位初中毕业的普通工人，在生产一线工作了30多年，他通过勤奋学习、不断钻研，创造了近百项科技成果，有的获得国家专利，"星形操作法"以他个人名字命名。他的创新成果为企业带来数千万元的经济效益和无法估量的社会效益，创造了数项全国同行第一的佳绩。他就是被人们称为"蓝领专家"的天津港煤码头公司一队队长、全国劳动模范孔祥瑞。

1972年，孔祥瑞初中毕业后到天津港当上了一名门吊司机。他把工作岗位作为课堂，把生产实践作为教材，把设备故障作为课题，把身边拥有

一技之长的工友作为老师，勤奋学习、不断钻研，攻克了一个又一个技术难关。

从1995年至今，孔祥瑞主持开展技术创新项目达150余项，为企业创造效益9600多万元。在创出经济效益的同时，也使他所在部门的机械设备使用管理迈上新台阶，设备管理跨入同行业全国领先、世界一流水平。

孔祥瑞的名字，是与许多创造发明联系在一起的。

1995年，他在天津港六公司担任固机队党支部书记、队长，掌管公司装卸生产的核心设备——18台40吨门机。一次，12号门机发生故障，如不立即修复，将严重影响生产。修复门机的前提，是将重168吨的门机上盘抬起，按照常规，需要租用海吊作业，要等两个月。孔祥瑞依靠自己长期的积累和实际工作经验，决心自己动手解决问题。他带领工友们经过反复研究，攻克了下支点因轴承旋转不易固定的难关，用10个单个承压30吨的千斤顶顶起168吨的门机上盘，使门机故障得以修复，并由此形成了一项新成果——焊接在大法兰盘下的新型顶升支座技术。

2000年，他带领队里的技术骨干解决了门机因变幅螺杆与螺母摩擦热量过大而"抱死"的技术难题，直接为公司节约资金180万元。

2001年，天津港冲击亿吨吞吐量，作为当时天津港最大的装卸公司，孔祥瑞所在的六公司承担作业量达2500万吨，要求18台门机比往常要多干1/3的活。

还有没有潜力可挖？那阵子，孔祥瑞满脑子都是门机，从门机抓斗作业的第一个动作到最后一个动作，时时在他脑海里闪现。经过反复观察和思考，他发现门机抓斗放料时，抓斗要先下降进舱，然后打开放料，再提升。在打开抓斗放料那一刻，会有一小会儿的停滞。如果能把这个作业空当利用起来，肯定会提高工作效率。

孔祥瑞和工友们经过无数次研究、实验，把门机抓斗进舱打开放料与轻钩提升这两个动作合而为一，并将主令控制器手柄移动轨迹由"十"字形丰富成"星"字形，把抓斗打开和提升的两个动作用一个指令完成。这项技术创新在全队推广后，生产效率显著提高，门机每完成一钩作业可以节省时间15.8秒，平均每天多作业480吨，当年就为公司创造效益1600万元。

2002年，这项"门机主令器'星'形操作法"被天津市总工会命名为"孔祥瑞操作法"，成为天津市职工十大优秀操作法之一。现在，这个"金点子"已成为同行业关注的新技术，在全国推广。

2002年，孔祥瑞和工友们用万向轴取代卡隼连接，解决了门机中心滑环经常短路烧毁的痼疾，取得了良好的经济效益。

2004年起，孔祥瑞还带领科技人员先后完成了翻车机摘钩杆等80多项技术革新。

2006年，改进设备电缆，节约维修成本100万元。

2007年，攻克"大型机械走行防碰撞装置"难题，创效181余万元，主持研制的"大型机械电缆防出槽技术"获国家实用新型发明专利，并创效990万元。

他具有强烈的责任感和主人翁意识，全身心地投入到本职工作中，35年如一日，无怨无悔。如今，身教重于言教的孔祥瑞，不仅自己成了"蓝领专家"，而且还在天津港集团带出了一批年轻的技术能手，他用自己的成就证明了知识型工人的价值。

2008年，孔祥瑞成为奥运火炬天津市传递第一棒。

2019年，孔祥瑞被评为"最美奋斗者"。他是当之无愧的大国工匠。

孔祥瑞曾经做客北方网。主持人这样问他："在门机操作过程当中，会对操作人员有哪些技能上的要求?"

孔祥瑞回答说:"一定要有责任心。"为什么呢?因为门机司机的操作工作是在高空进行的,门机的高度能达到五六十米,操作台离地面20米左右,在这么高的操作台上,操作门机的员工首先必须有高度的责任心,而且要全神贯注地看着下面的情况,否则就会很危险。工作人员的视力、责任心、精神状态一定要非常好,否则会影响他的工作。

孔祥瑞曾经这样说过:"一名员工首先要有责任心,然后是精神,能力是很重要,但对企业负责、不断进取更重要。"

生活中,可能有许多天资与孔祥瑞一样聪明的人,但遗憾的是他们没有孔祥瑞善于观察,没有他那份责任心,没有他勤于动脑的好习惯,因此也不会有他那样的作为,更不可能为企业创造一流的业绩。

企业中每个人都有自己的责任,只有清楚地认识到自己的责任,才能更好地做好自己的工作,创造出更多的业绩。每一名员工都应该像孔祥瑞那样,增强主人翁意识,自觉地把个人的命运与企业的发展融为一体,恪尽职守,尽心尽力地干好本职工作,努力争创一流的业绩。

阅读思考

(1)为什么说"一流的责任心,才能创造一流的业绩"?

(2)你能像孔祥瑞那样以一流的责任心去创造一流的业绩吗?创造出一流的业绩能为你所在的企业和你个人带来什么?

3. 强化责任心，开创新业绩

市场经济下，公司要想获得良好的生存和发展，必须创造价值，而公司价值的获得靠的就是员工的业绩。一个为公司着想的员工，应千方百计地想着如何为公司创造价值，而要做到这一点，关键的就是拿业绩说话。

下面的故事，也许对我们有所启发。

20世纪70年代，索尼电器在日本大为畅销，但在美国市场却遭到冷遇。索尼打进美国市场的唯一产品索尼彩电，居然被当作"杂牌货"而无人问津。索尼公司派往美国搞促销活动的负责人，都一个个无功而返。

此时，卯木肇担任了索尼国际部部长。上任不久，他主动请求去美国的芝加哥，替公司解决难题，拓开市场，让公司走出困境。

当卯木肇风尘仆仆地来到芝加哥时，令他吃惊不已的是，索尼彩电竟然在当地的寄卖商店里布满了灰尘，无人问津。

卯木肇要搞清楚的第一个问题是：索尼彩电作为在日本畅销的优质产品，为什么一到美国就被人如此冷落呢？经过一番调查，卯木肇明白了症结所在。原来，公司前任海外部部长为了打开市场，曾多次在芝加哥市报纸刊登广告，降价销售索尼彩电。然而，即使一再降价，销路仍然不畅。而且一而再、再而三地降价，使索尼彩电在当地消费者心中形成次品的糟糕印象，甚至对索尼公司的形象也造成不良影响。

如何才能改变这种既成的印象，改变销售的现状呢？卯木肇陷入了沉思……

一天，他驾车去郊外散心，在归来的路上，他注意到一个牧童正赶着一头大公牛进牛栏，而公牛的脖子上系着一个"叮当叮当"响的铃铛，后面是一大群牛跟在这头公牛的屁股后面，温顺地鱼贯而入……

此情此景令卯木肇一下子茅塞顿开，牧童牵着的带头牛令他联想到：索尼要是能在芝加哥找到这样一头"带头牛"商店来率先销售，岂不是很快就能打开局面？卯木肇为自己找到了打开美国市场的钥匙而兴奋不已。

卯木肇最先想到的是芝加哥市最大的一家电器零售商马歇尔公司。为了尽快见到马歇尔公司的经理，卯木肇第二天很早就去求见，但他递进去的名片被退了回来，理由是经理不在。第三天又去，还是没见着，其实是公司经理不愿意见他。他第三次登门，经理终于被他的诚心所感动，接见了他，但拒绝卖索尼的产品。经理认为索尼的产品降价拍卖，形象太差。卯木肇非常恭敬地听着经理的意见，并一再地表示要立即着手改变商品形象。

回去后，卯木肇立即从寄卖店取回货品，取消降价销售，在当地报纸上重新刊登大面积的广告，重塑索尼形象。

做完这一切后，卯木肇再次叩响了马歇尔公司经理的门，可听到的却是索尼的售后服务太差，无法销售。卯木肇立即成立索尼特约维修部，全面负责产品的售后服务工作；重新刊登广告，并附上特约维修部的电话和地址，注明24小时为顾客服务。

尽管屡次遭到拒绝，卯木肇还是不灰心。他规定他的每个员工每天拨五次电话，向马歇尔公司询购索尼彩电。马歇尔公司被接二连三的电话搞得晕头转向，以致员工误将索尼彩电列入"待交货名单"。这令经理大为恼火，这一次他主动召见了卯木肇，一见面就大骂卯木肇扰乱了公司的正常工作秩序。卯木肇动情地对经理说："我几次来见您，一方面是为本公司的利益，但同时也是为了贵公司的利益。在日本国内最畅销的索尼彩电，一定会成为马歇尔公司的摇钱树。"

软磨硬泡下，经理终于同意试销两台，不过，条件是：如果一周之内卖不出去，立马搬走。

为了开个好头，卯木肇亲自挑选了两名得力干将，把百万美金订货的重任交给了他们，并要求他们破釜沉舟，如果一周之内这两台彩电卖不出去，就不要再返回公司了⋯⋯

两人果然不负众望，当天下午4点钟，就收到了好消息。马歇尔公司又追加了两台。至此，索尼彩电终于挤进了芝加哥的"带头牛"商店。随后，进入家电的销售旺季，短短1个月内，竟卖出700多台。索尼和马歇尔从中获得了双赢。

有了马歇尔这只"带头牛"开路，芝加哥的100多家商店都跟着销售索尼，没出3年，索尼彩电在芝加哥的市场占有率达到了30%。从此，索尼彩电在美国其他城市的局面也迅速打开。

我们现在可以想象，卯木肇当初到达芝加哥的时候，他所面临的是一种怎样的近乎绝望的境地。他的前任一个个无功而返，还找出一大堆借口，以开脱自己的责任。卯木肇当然比他们有更充分的理由打道回府：前任们破坏了市场，局面没法收拾了，这不是我的责任！

但卯木肇没有这样做,在他看来,既然问题找到了,就一定要想办法解决。正因为卯木肇强化了自己的责任心,才开创了新业绩。

业绩是检验一切的标准,能带来业绩的员工是公司最宝贵的财产,所以想证明自己,就要认真履行自己的职责,用业绩证明自己。

> 💡 **阅读思考**

(1)看了卯木肇的故事,你受到了哪些启发?

(2)现在是一个凭业绩说话的时代,你打算如何提升自己的责任心来开创新的业绩?

4. 与其找借口抱怨，不如竭尽全力去提升自己的业绩

工作中，不少人一旦碰到困难或问题，不是竭尽全力去做，而是千方百计地找出种种理由或借口搪塞、逃脱责任。

例如，在日本本田处于低谷期时，许多业务员业绩都不理想，就抱怨公司培训得不够多，广告打得不够大，车子的种类不够全，颜色不够多等，几乎天天在抱怨，而从来没有考虑如何去改变，如何竭尽全力去做。

在这个世界上，只有不成功的人，而没有不成功的事情。与其抱怨，还不如拿出实际的行动，竭尽全力去做。

在成功学家拿破仑·希尔《成功学全书》上，有一个大家耳熟能详的故事。

休斯·查姆斯创办的国家收银机公司曾面临一个极为尴尬的情况：该公司的财务发生了困难，而且这件事被销售员知道了，他们因此失去了工作的热忱，销售量开始下跌。到后来，情况更为严重，公司不得不召集全体销售员开一次大会，全美各地的销售员都被召去参加这次会议。会议由公司老板查姆斯先生亲自主持。

首先，查姆斯请手下的几位"王牌"销售员站起来，要他们说明销售量为何会下跌。这些被点到名字的销售员一一站起来倾诉着大同小异的困

境和难处：商业不景气，资金缺少，人们持币观望，都希望等到总统大选揭晓以后再买东西等。

当第五个销售员开始列举使他无法完成销售配额的种种困难情况时，查姆斯先生突然跳到一张桌子上，高举双手，要求大家肃静。然后，他说道："停止，我宣布大会暂停10分钟，让我把我的皮鞋擦亮。"

接着，他命令坐在附近的一名工友把他的擦鞋工具箱拿来，并要求这名工友把他的皮鞋擦亮，而他就站在桌子上不动。

在场的销售员都惊呆了，他们以为查姆斯先生发疯了，开始窃窃私语。不一会儿，那位工友已经擦亮了查姆斯的一只鞋子，然后又擦另一只鞋子，他不慌不忙地擦着，表现出高超的擦鞋技巧。

几分钟后，皮鞋擦完了，那双皮鞋光亮如新。查姆斯先生给了工友10美分，然后开始发表他的演说："我希望你们每个人，都能好好看看这个工友。他拥有在我们整个工厂及办公室内擦鞋的特权。他的前任是位年纪比他大的工友，尽管公司每周补贴他5美元的薪水，而且工厂里又有数千名员工，但他仍然无法从这个公司赚取足以维持他生活的费用。这位工友和他的前任的工作环境完全相同，也在同一家工厂内，工作的对象也完全相同。但他不仅可以赚到相当不错的收入，不需要公司补贴薪水，每周还可以存下一点钱来。现在我问大家一个问题，之前那个工友拉不到更多的生意，是谁的错？是他的错还是顾客的错？"

那些推销员不约而同地大声回答："当然，是之前那个工友的错！"

"正是如此。"查姆斯回答说，"现在我要告诉你们，你们现在推销收银机和一年前的情况完全相同：同样的地区、同样的对象以及同样的商业条件。但是，你们的销售业绩却比不上一年前。这是谁的错？是你们的错，还是顾客的错？"

没有责任心，哪来执行力

同样又传来如雷鸣般的回答："当然是我们的错！"

"我很高兴，你们能坦率承认你们的错。"查姆斯继续说，"我现在要告诉你们，你们的错误在于，你们听到了有关本公司财务发生困难的谣言，这影响了你们的工作热情，因此，你们就不像以前那么努力了。现在，只要你们回到自己的销售地区，并保证在以后30天内，每人卖出5台收银机，那么，本公司就不会再发生什么财务危机了，以后再卖出的，都是净赚的。你们愿意这样做吗？"

大家都说"愿意"，后来果然办到了。那些他们曾强调的种种借口统统消失了。在不到1个月的时间内，所有销售人员都超额完成了任务，公司净赚了100万美元。

这个事件记录在国家收银机公司的历史上，名称就叫《休斯·查姆斯的百万美元擦鞋》，因为这件事扭转了该公司的逆境，挽回价值达100万美元。

在这里，查姆斯给他的员工们上了非常生动的一课，那就是：与其找借口抱怨，还不如全力以赴去做！

做任何一件事情，只要我们全力以赴，事情肯定会做成。职场上，很多人失败的原因是没有全力以赴。任何事情没有全力以赴去做，其效果永远是不理想的。

因此，无论什么工作，都要全力以赴做好。只要目标确定下来，就必须坚决完成，拒绝理由，不能为完不成任务找任何借口。

周敏在一家大型建筑公司任设计师，常常要看现场，还要为不同的老板修改工程细节，异常辛苦，但她仍竭尽全力去做，毫无怨言。

虽然她是设计部唯一一名女性,但她从不因此逃避强体力的工作。该爬楼梯就爬它个25层,该到野外就勇往直前,该去地下车库也二话不说。她从不感到委屈,反而挺自豪。

有一次,老板安排她为一名客户做一个可行性的设计方案,时间只有三天。这是一件原本难以做好的事情。接到任务后,周敏看完现场,就开始工作了。三天时间里,她都在一种异常兴奋的状态下度过。她食不甘味,寝不安枕,满脑子都想着如何把这个方案弄好。她到处查资料,虚心向别人请教。三天后,她带着布满血丝的眼睛把设计方案交给了老板,得到了老板的肯定。因做事积极主动、工作认真,现在周敏已是公司的主力了。

一个人一旦领悟了全力以赴地工作能消除工作辛劳这一秘诀,他就掌握了打开成功之门的钥匙。

我们不仅要有责任意识,还应该有切实的行动,一流的业绩才是尽到责任的最好体现。

以责任为导向,业绩才是硬道理。能创造业绩的企业必能在行业中立于不败之地,能创造业绩的员工必定是企业中最宝贵的财产。因此,我们应该以责任为导向,不动摇,不懈怠,努力为自己、为企业创造高业绩!

阅读思考

(1)找借口抱怨能抱怨来业绩吗?与其抱怨不来业绩,我们应该如何去做呢?

(2)查姆斯给他的员工们上了非常生动的一课,你觉得是不是也给你上了生动的一课?

没有责任心，哪来执行力

5. 锁定责任，才能锁定结果

我们天天喊提升执行力。要提升执行力，我们就要知道执行力的核心是什么？执行力的核心就是结果，结果是考核执行力的主要标准。那么，怎样才能锁定结果呢？首先要锁定责任，人只有有了责任才会主动把事情做好。

曾经看过一个"提升降落伞品质妙方"的故事。

这是一个发生在第二次世界大战中期，美国空军和降落伞制造商之间的真实故事。当时，降落伞的安全度不够完美。经过厂商的努力改善，降落伞制造商生产的降落伞的良品率已经达到了99.999%，应该说这个良品率即使现在许多企业也很难达到。但是，美国空军对此公司说No（不），他们要求所交降落伞的良品率必须达到100%。于是，降落伞制造商的总经理便专程去飞行大队商讨此事，看是否能够降低这个水准。因为厂商认为，能够达到这个程度已接近完美了，没有什么必要再改。当然美国空军一口回绝，因为品质没有折扣。

后来，军方要求改变检查品质的方法。那就是从厂商前一周交货的降落伞中，随机挑出一个，让厂商负责人装备上身后，亲自从飞行中的机身跳下。这个方法实施后，不良率立刻变成零。

做任何事情之前，都要锁定责任，建立起一对一的责任。当厂商负责人装备上身的时候，也就是责任锁定到人的时候，那么自上而下建立起的责任有利于责任的层层分解。

如果质量关乎厂商负责人的生命，那么他自然会要求员工一遍一遍地检查，实现100%的降落伞良品率。这样，通过责任的一对一建立，层层分解，就可以更有利于产品的品质，也就可以使产品的不良率立刻变为零。

责任心决定工作结果。同样的设备，同样的人员配置，但有时工作质量千差万别，其问题的核心就在于责任心的差异。

进入一家公司，就意味着在你的人生中，你每天都要用结果来交换自己的工资，也要用结果来证明自己的价值。结果怎样，与其他人无关，只在于你是不是一名合格的员工或合格的管理者，在于你是不是真正地对企业、对自己有价值。

责任心决定工作结果。作为一个有着强烈责任心的人，在工作中不仅仅是完成任务，更要提供结果，提供一个让大家都满意的结果。

做一个追求理想结果的员工，是一个人对工作认真负责的突出表现。对于结果的追求，必须是一定要做到，而不能想一想就了事。

在《销售与市场》杂志上，登载了"中国管理培训七剑客"之一程社明先生的一个故事。

1986年8月，他到一家中日合资企业的制药公司担任推销员。在那里，他亲身感受到了日本企业是如何要求员工去追求结果、对结果负责的。

在一个小型会议上，公司经理问同样来自日本的经营科长："我们在上海的市场开发工作做好了吗?"

科长说:"都做好了。医药公司已经同意进货,医院以及药剂科也同意买药,对医生和护士都进行了培训,他们愿意用我们的新药品。"

经理又问:"那为什么这些药还在我们的仓库里?"

科长说:"那是因为天津火车站没有车皮把我们的药运到上海,我也没有办法。"

经理听了,立即拍着桌子站起来吼道:"只要药没到患者手里,就是你的事情。你必须解决问题!"

于是,科长对程先生说:"咱们现在到天津铁路局去调车皮。"

程先生想:铁路局又不是我们开的,哪能那么容易,想调就能调到。

科长似乎看出了他的心思,于是说:"经理说得对,只要药品没到患者手中,就是我们没有完成工作。我们去争取吧。"

后来,经过他们和铁路局的协商,车皮终于安排好了,药很快就运到了上海。

通过这件事情,程先生明白了:什么叫追求结果,真正对结果负责。

可以说,任何一个优秀的人一定是一个负责任的人。他们关注结果,追求结果,并想尽一切办法去获得结果。

责任心是情商的核心内容。那些富有责任心的员工更有效率,更容易成功。他们不仅对工作过程负责,更对结果负责。锁定责任,才能锁定结果,没有责任心,对工作只是敷衍;有了责任心,才能尽心工作,才会有最好的结果和业绩。

阅读思考

（1）你认可"锁定责任，才能锁定结果"这句话吗？你是如何理解和践行这句话的。

（2）为什么锁定责任后降落伞的不良率立刻变为零了？

（3）你是个对结果负责的人吗？如果不是，你打算怎么去改进？

第6章 强化责任心，提高执行力

没有责任心，哪来执行力

1. 没有责任心，就没有执行力

执行力从哪里来？执行力来自责任心。没有责任心，就没有执行力。没有责任心，执行力就是无源之水。有了责任心，执行力就有了筋骨支撑。做任何事情，有没有责任心，结果大不一样。所以提升执行力，责任心是前提。

对一个执行者来说，他的工作责任心决定了执行力的高低。

日本三菱曾发生过这样一起管理"事故"：三号车间有一台机器出了故障，经过技术科工作人员的检查，发现原来是一个配套的螺丝掉了，怎么找也找不到，于是只好去重新买。可是根据公司内部规定，必须先由技术工作人员填写采购申请，然后由上级审批，之后再经过采购部部长审批，才能由采购员去采购。

可是，问题又出现了。市内好几家五金商店都没有这种螺丝，采购员又跑了几家著名的商场，也没有买到。

几天很快就过去了，采购员还在寻找这种螺丝，可是工厂因为机器不能运转而停产。于是，公司的其他管理者不得不介入此事，认真打听事故的前因后果，并且想方设法地寻找修复的方法。

在这种"全民总动员"的情况下,技术科才拿出机器生产商的电话号码。采购员打电话问哪里有这种螺丝卖。对方却告诉他:"你们那个城市就有我们的分公司啊,你去那里看看,肯定有。"

半个小时后,那家分公司就派人上门送货来了,问题就此解决。可是之前寻找哪里有这种螺丝,就用了一个星期,而这一个星期公司已经损失了上百万元。

很快,工厂又恢复了正常的生产运营。在当月的总结大会上,采购部部长将这件事情又重新提了出来,他说:"从这次事故中,我们很容易就能看出,公司某些工作人员的责任心不强。从技术科提交采购申请,再经过各级审批,到最后采购员采购,这一切都没有错误,都符合公司要求,可是结果造成这么重大的损失,问题在哪里?竟然是因为技术科的工作人员没有写上机器生产商的联系方式,而其他各部门竟然也没有人问。"

这是一个因员工责任心缺失而给企业造成巨大损失的典型案例。如果这个工厂的员工都多一点责任心,相信这个问题在很短的时间内就能得到解决,也绝不会对企业的生产造成很大的影响。员工责任心强,企业必定会取得更大的经济效益,取得更长远的发展;员工责任心弱,企业必定会遭受严重的经济损失,在发展过程中必定会受挫。由此可见,员工的责任心就是企业的执行力、生产力。

执行力是执行并完成任务的能力,是贯彻落实各项决策部署和制度并实现既定目标的能力。执行力实际上体现的是精神状态、工作态度和道德修养,它需要激情和动力,需要用心去做。无论做什么事情,都要记住自己的责任,无论在什么样的工作岗位,都要对自己的工作负责。

提高执行力,就是要强化责任意识。有很多工作,不是因为没有能力

没有责任心，哪来执行力

做好，而是因为没有责任心、没有用心去做，没有落实好。责任心是做好工作、成就事业的前提，是战胜工作中诸多困难的强大精神力量。只有对企业高度负责、对工作高度负责，才会尽心竭力、兢兢业业、精益求精地做。

有责任心的员工是公司的栋梁，由这样的员工组成的企业是最具竞争力的企业。一个员工如果没有责任心，那么，再好的制度、管理、流程都是一种摆设。而一个有责任心的员工，会竭尽全力做好他应该做的事。他是以一种主人翁的责任感在做事。

请看《科技日报》的报道。

邓建军是江苏常州黑牡丹（集团）股份有限公司的高级技工，被江苏省劳动厅特批为高级技师，还破格晋升为高级工程师，享受政府特殊津贴。邓建军还是新世纪全国首批七个"能工巧匠"之一，是全国职工职业道德建设十佳标兵，曾两次受到中央领导人的接见。

是什么让邓建军在一个普普通通的岗位上，获得如此多的荣誉呢？这得益于他的责任心，是负责任的精神激发他取得了令人刮目相看的成绩。

邓建军刚参加工作的那几年，正是中国纺织企业告别传统"金梭银梭"的年代，国内企业特别缺少机电一体化的技术工人。邓建军凭着自己的努力，最终成为新时代的技术工人，成长为一名优秀的员工。

有一次，黑牡丹公司有一批进口剑杆机急需改造，几十台机器的各种电气线路如一团乱麻，图纸不知去向。区区一块线路板上就有两千多个点需要一一测试、分析、测算。要想改造这些进口设备，任务十分艰巨。邓建军从最基础的制图工作开始做起，每天蹲在机器边十四五个小时。经过他创造性的努力，这些机器终于改造好了，为企业节省了大笔的资金。

在工作中，邓建军一直努力为企业创造效益，并把为企业创造效益当作自己义不容辞的责任。

十几年前，国际上流行一种叫竹节牛仔布的特殊新品种，用经线打出的一串串的结，就像在布料上织出了一根根竹子，许多国家的年轻人都以穿上用这种牛仔布做成的服装为时尚。

8月份，公司又接到了日本和美国等国家的一批大订单，可是公司原有生产这种布料的几台进口分经机生产能力有限，产量上不去。一个个催货电话，催得公司老总着急上火，坐立不安。

如果不能按时交货，不仅要付违约金，更要命的是，这种品种在当时牛仔布产品中占到了70%的市场份额，不能按时交货也就意味着将这一大块市场白白送给了别人。而增加生产能力的唯一办法，就是增加机器的数量。问题是这种进口机器11万美元一台，成本太高。不过降低成本也不是没有办法，就是自己制造机器，每台机器的成本只要十余万元人民币就够了。

公司紧急决定，尽快制作4台机器，机器机械部分由机械厂制作，电气部分全部由邓建军设计、安装和调试。

接到任务时，邓建军已经胸有成竹，因为他对这种机器非常熟悉，也已经早早就设计出了电气部分的电路图。

邓建军找来科研组的徐文虎、杨文俊、姜永强等30多个小伙子，编程序、布线、安电路、装辅助设备、调试机器。30多个小伙子分成两班，在高温闷热的车间里，12小时一换，饿了到厂门口的小饭馆随便吃一点儿，被蚊子叮得受不了了，买几盒避蚊油抹一抹，连着三天两夜，硬是在最短的时间内，将4台机器全部安装调试完成，保证了按时交货。客户非常高兴，接着又签订了800万美元的订单。

没有责任心，哪来执行力

有人说，邓建军解决的大多数难题都是国家级的，十几年来他对设备进行的改造和革新，为企业创造出的价值有几千万元。对此，邓建军说："这些我从来没有统计过，我只是出于责任心，用心来做好这些事。"

像邓建军这样既有高度的责任心，又有坚强执行力的员工，放在哪里都是栋梁之才。他们用责任心解析了如何提高执行力，他们在自己的工作岗位上谱写了绚丽的人生乐章！

顾炎武曾说："天下兴亡，匹夫有责。"同样，一个企业的兴亡，每个员工都有着不可推卸的责任，只有具备了责任心才会有执行力，只有具备了执行力，管理效率才会提高，一个企业也才会兴旺发达。

阅读思考

（1）你是邓建军式的员工吗？你觉得与他相比自己还存在哪些差距？你打算怎样去缩小这种差距？

（2）为什么说"没有责任心，就没有执行力"？

（3）你所在的单位，有没有因为员工责任心的缺失而导致执行不力的事情发生？这种现象说明了什么？

2. 责任心是高效执行力的保证

执行力是决定企业成败的一个重要因素，是21世纪形成企业竞争力的重要一环。在激烈的市场竞争中，一个企业的执行力如何，将决定企业的兴衰。而责任心是人的一种潜在动力，在高效执行中扮演着重要角色。一个人只有具有高度的责任心，才能在执行中勇于负责，在每一个环节中力求完美，保质保量地完成计划或任务。

从一项任务下达到将这项任务执行完成需要很多条件——技能、细心、财力等。虽然这些条件都是必不可少的，但是人们往往忽视了最重要的一点——责任心。责任心是先决条件，它排在所有上述条件之前。

华尔街花旗银行总裁威廉·罗兹在接受《纽约时报》记者采访时讲述过这样一个故事。

一次海难事件中，幸存的8个人挤在一只救生艇上，6个是这艘船的水手，1个是船长，1个是搭乘顺风船的年轻人。他们在海上漂荡到第四天的时候，所有的食物都吃完了，仅剩下半瓶矿泉水。

每个人都死死地盯着那小半瓶矿泉水，都想立即把它喝下去。为了能够保证大家都存活下来，船长不得不拿着一杆长枪看着这半瓶矿泉水。

坐在船长对面的那个搭乘顺风船的年轻人死死盯着那半瓶矿泉水，随时准备扑上去喝掉那仅剩的救命水。

就在船长打盹的一瞬间，这个年轻人猛然扑上去，夺过矿泉水就要喝。被惊醒的船长拿起长枪，用枪管抵着年轻人的脑门命令道："放下，否则我开枪了！"年轻人只好把水放下。船长把枪管搭在矿泉水的瓶盖上，盯着坐在对面的年轻人，而年轻人仍然目不转睛地盯着那决定众人命运的半瓶水。

双方就这样对峙着。后来，船长实在顶不住，快要昏了过去了。就在他要昏过去的一瞬间，他把枪扔到了年轻人的手里，并且说了一句："你好好看着吧！"

枪一到年轻人手里，他先是一愣，接下来就明白是怎么回事了。接下来的两天，他尽心尽力地看着那剩下的半瓶水，每隔一段时间，他就会往每人嘴里滴几滴水。到第六天他们获救时，那瓶救命的水居然还剩下一点点。他们8人把这剩下的水一起命名为"圣水"。

在这次事件后，这个年轻人的生活发生了很大变化。他在自己的工作中总是坚持执行到最后，多年之后，曾经拼命去抢那半瓶矿泉水的年轻人已经是华尔街某财团的总裁了。

正是在船长晕过去的那一刻，年轻人明白了责任的意义：如果自己把那半瓶矿泉水喝掉，那么其他7个人可能就会立刻死去，自己也不会有什么好的结果。7个人的性命一下子就握在了他的手中，责任心让他不但没有喝掉那半瓶矿泉水，反而让他担起了保护这仅有的半瓶矿泉水的责任。

也正是这份责任心，让本来平淡无奇的年轻人从平凡的岗位中认识到自身的重要性，认识到自己岗位的重要性。在后来的人生路上，他全力以赴地去完成自己该做的每件事，就是凭着这样的责任心、这样的一种习惯，最后他才赢得了成功。

提高执行力，人的因素是最重要的，要加强人的执行能力。高效执行力不在于工作经验的多寡，它依靠的是每个人对制度、计划不折不扣的贯彻执行。而这种贯彻执行最终还得靠每个人的责任心。

江苏工业学院校报上曾刊登过这样一则故事。

刚刚从东北调到该校工作的两位教师，以他们的亲身体会，感受到了"责任的力量"。

一天晚上9点多的时候，忙了一天的两位教师赶回家，打开空调，房间一下子黑了下来，断电了！由于环境不熟，两位教师找不到电源，更谈不上维修。怎么办？找人修吧，这么晚了，找谁呀？再说也不认识谁，还是早点休息吧！房间闷热，本来就不适应南方气候的两位教师一会儿就大汗淋漓了。打开窗子通通风吧，飞来飞去的蚊子着实让人心烦。处于两难境地的两位教师经过反复斟酌，拨通了校区主任的电话。校区主任十分热情，一再说："不要客气，有事就该早打电话，为师生服务是我们的责任，我马上安排！"

几分钟后，后勤部维修主任就赶来了。隔着门，主任说道："两位教师别急，我们马上就会修好的！"当两位教师向维修主任表示歉意时，维修主任说："你们是教授，是学校引进的人才，为你们服务是我们的责任。"正说着，维修工人一瘸一拐上来了。原来，这位维修工人下午扭了脚。看到这种情形，两位教师越发不好意思了，他们忙向维修工人表达了真诚的谢意。维修工人却说："我的责任是维修，不管什么时候，为师生服务都是我的责任。"

电接通了，送走维修主任和维修工人已是夜里11点了。坐在凉爽的书桌前，看着科研资料，两位教师感慨万千：谁说人生地不熟？谁说求人事

没有责任心，哪来执行力

难办？他们不就是从现实中感受到这种难得的真情和踏实的责任心吗？责任心，是人生境界的凝练与升华，是可以化作万千实际行动、铸就无限辉煌的巨大力量。

实业家王宽诚说过："没有责任心，执行力根本无从谈起，执行力是责任心的体现和最终落脚点，二者共同构成优秀员工立足岗位、奉献企业的重要素质和能力。"这句话是对加强责任心、提高执行力的最好的诠释。

在执行中，对责任的尊重是至关重要的。责任是贯穿整个行动计划的关键，只有每个成员都担负起自己的责任并完成自身任务，才能保证整体行动的顺利进行。

每一个执行者都应该意识到自己的责任，并坚定不移、不遗余力地去执行，这样才能确保集体行动和总体任务的圆满完成。

阅读思考

（1）看了"救命水"的故事，你有什么感慨？如果换做是你，你也会像威廉·罗兹那样有责任心吗？

（2）请结合文中的案例，谈谈责任心与执行力之间的关联。

3. 信守责任，让执行更完美

很多时候，一项战略或计划执行不力，没有达到预期的目标，很大程度上是因为执行人员没有尽职尽责地去做。

追本溯源，是这些人将责任当作儿戏，认识不到责任对执行的重要性。一个人只有树立强烈的责任心，勇于负责，才能够在规定的时间之内保质、保量地完成任务，才不会使执行流程发生中断。一个人只有竭尽所能、不遗余力地去执行，才能够尽善尽美地完成任务。

世界上的成功者几乎都有一个共同的特征，那就是他们对自己所说的和所做的一切负全部责任。责任心是对自己的承诺负责、对自己行为的结果负责、对自己的信誉和尊严负责。只有拥有高度的责任心，才能打造一流的执行力。

有这样一个故事。

一个星期天的下午，一群男孩在公园里玩模拟战争的游戏。有人扮演将军，有人扮演上校，也有人扮演普通的士兵。有个小男孩抽到了士兵的角色，他要接受所有长官的命令，而且要按照命令丝毫不差地完成任务。

"现在，我命令你去那个堡垒旁边站岗，没有我的命令不准离开。"一个扮演上校的男孩指着公园里的垃圾房神气地说道。

"是,长官!"小男孩快速、清脆地答道。

接着,"长官"们就蹦蹦跳跳地跑到别处玩儿去了,而这个小男孩则来到了垃圾房的旁边站岗。

天渐渐黑了下来,小男孩站得腿脚发酸,但还是坚守着岗位。可是,那些下命令的"长官"们已经把这个站岗的"士兵"给忘了。

一些人路过小男孩身边,问他:"你在这里站了两个小时了,你在干什么呢?"

"我在站岗,没有'长官'的命令,我不能离开。"小男孩答道。

人们哈哈大笑,说:"这只是游戏,何必当真呢?"

"不,我是一名士兵,要遵守'长官'的命令。"小男孩坚定地说。

"可是,你的小伙伴们都已经回家了,不会有人再来下命令了,你还是回家吧。"路人劝道。

"不行,这是我的任务,是我该负的责任,要是没有完成的话,以后他们就不让我参加'军事演习'了。我不能离开。"小男孩回答。

人们拿小男孩没办法,摇摇头都走开了。更糟糕的是,公园很快就要关门了。小男孩很想离开,但是他没有得到"长官"的准许,而他的那些小伙伴们似乎真的把他给忘了。

事情并没有想象中那么糟糕。

正在这时,一位军官走了过来,他了解完情况后,脱去身上的大衣,亮出自己的军装和军衔。接着,他以上校的身份郑重地向小男孩下达命令,让他结束任务,离开岗位。小男孩这才如释重负。

军官对小男孩的执行态度十分赞赏,对小男孩说:"你长大后一定会成为一名出色的军人。"军官的话没说错,这个小男孩就是后来赫赫有名的艾森豪威尔将军。

坚守岗位,完成任务,这就是我们所说的岗位责任。在上面那个故事里,哪怕是在游戏之中,小男孩也尽职尽责地履行自己的责任。假如你是公司领导,在分派任务的时候,你会信任这样的人吗?在提升职位的时候,你会首先考虑他们吗?当然会!这样的人无疑是能够准确无误完成任务的人。无论是在普通的岗位上,还是在重要的职位上,他们都能秉承一种负责、敬业的精神,一种服从、诚实的态度,并表现出完美的执行能力。这样的人是任何一个企业的最优选择,同时也是值得人们去尊敬的人。

你在接受一项任务或者执行一项计划之前,心中是否做出承诺?

有的人可能会说"我一定完成";有的人默默地接受了任务,然后努力去做;而有的人虽然接受了任务,却是抱着试试看的心理,一旦执行受阻,就会找借口推辞。

显然,最后一种人的做法是不负责任的。一个人一旦接受了任务,就意味着做出了承诺,就应该努力去完成任务。这是一份沉甸甸的责任。只有信守承诺,才能把任务执行下去。

IBM之所以一直在行业中领先,成为同行中的佼佼者,抛开领导层面的理念与谋略等因素,与它们的服务人员在产品售后服务中持之以恒的辛勤工作和信守承诺的工作态度是分不开的。

有一天,菲尼克斯城的一个用户急需重建多功能数据库的计算机配件。公司得知后,立即派一名女员工去送配件。谁知刚走了一会儿就下起了倾盆大雨,河水猛涨。沿途的14座桥被封闭,交通陷入阻塞,汽车无法行驶。这位女员工并没有被突然出现的困难吓倒,她巧妙地利用存放在汽车里的一双旱冰鞋，滑向了目的地。平时只有二十几分钟的汽车路程，却变成了一个小时的跋涉。到达用户所在地后，这位女员工又不顾疲劳，及时解决了用户遇到的困难。

按常理遇到这种特殊情况，这位女员工完全有充分的理由返回。但是，她认为信守自己的承诺就是信守公司的承诺，这关系到公司的声誉。所以她勇往直前，以尽可能快的速度赶到用户那里，解除了用户的燃眉之急。

对优秀员工来说，他们身上所体现出的最耀眼的光芒是强烈的责任心，他们能信守自己的责任，并将责任落实到自己的工作中。正是这种负责的精神，才能使他们在工作中充满动力，能以一种愉快的心情工作。

一名合格的企业员工，必须将自己的责任意识化为强有力的执行力，这样才能完美地完成任务。

阅读思考

（1）小男孩的执行态度说明了什么？我们从中受到了哪些启发？

（2）你是不是一个信守责任的人？主要表现在哪些方面？

（3）如果你是IBM公司的那名女员工，你会全力以赴完成任务吗？为什么？

4. 责任到位，执行才能到位

执行要到位，首先责任要到位。责任不到位，执行必定缺位。只有把责任落实到每一个细节当中，才会打造出一流的执行者。

美国肯德基为何会顺利打入中国市场，很重要的一点就在于它对中国市场进行了充分的预测。通过预测，广泛收集了信息，并在此基础上，进行了科学的决策。

起初，肯德基公司派了一位执行经理来北京考察中国市场。他来到北京街头，看到川流不息的车辆、熙熙攘攘的人群，非常兴奋地向总部汇报说，中国的市场潜力很大。当总部向他询问具体数据资料时，他却张口结舌，说不上来了。总公司对此非常恼火，以不称职将其降职。

紧接着公司又派出了一位执行经理来考察。这位经理责任心很强，做事也很到位，他没有走马观花，而是实实在在地做了几件事，精心地进行调查和实测。

首先，这位经理在北京的几个街道上，用秒表测出人流量，大致估算出每日每条不同街道上的客流量。他利用暑期，临时招聘了一些经济类的

没有责任心，哪来执行力

大学生，派出这些临时员工，在北京设置品尝点，请不同年龄、不同职业的人免费品尝肯德基食品。他还在北海公园这座皇家园林大做文章，利用这里游人众多的特点，来广泛征求各种意见。他们详细询问品尝者对炸鸡味道、价格、店堂设计方面的感觉，认真听取他们的建议。不仅如此，这位经理还对北京鸡源、油、盐、茶及北京鸡饲料进行了调查，并将样品数据带回美国，逐一做分析，经计算机数据汇总得出"肯德基"打入北京市场会有巨大的竞争力的结论。

从上面案例中两个执行经理做事的结果，可以得出这样的结论：责任到位，才能执行到位。没有责任心的员工是不可能成为一名执行到位的员工的，更不可能有好的发展。执行到位与不到位的结果是完全不同的，只有凡事执行到位的员工，才能为企业创造价值，才能成为老板心目中的优秀员工。

曾在《中国职工教育》杂志上看到这样一个故事。

有三个人到一家建筑公司应聘设计师，经过一轮又一轮的考试，最后他们从众多的求职者当中脱颖而出。公司的人力资源部经理对他们说了一句"恭喜你们"，然后将他们带到了一处工地。

工地上有三堆散落的红砖，乱七八糟地摆放着。人力资源部经理告诉他们，每人负责一堆，将红砖整齐地码成一个方垛，然后他在三个人疑惑的目光中离开了工地。

甲对乙说："我们不是已经被录用了吗？为什么将我们带到这里？"

乙对丙说："我可不是应聘这样的职位，经理是不是搞错了？"

丙说："不要问为什么了，既然让我们做，我们就做吧。"然后带头干起来。

甲和乙同时看了看丙，只好跟着干起来。还没完成一半，甲和乙明显放慢了速度。甲说："经理已经离开了，我们歇会儿吧。"乙跟着停下来，丙却一直保持着同样的节奏。人力资源部经理回来的时候，丙只有十几块砖就全部码齐了，而甲和乙只完成了1/3的工作量。

经理对他们说："下班时间到了，下午接着干。"

甲和乙如释重负地扔掉了手中的砖，而丙却坚持将最后的十几块砖码齐。

回到公司，人力资源部经理郑重地对他们说："这次公司只聘任一位设计师，获得这一职位的是丙。甲和乙为什么落聘，你们想想在工地上的表现就知道答案了。作为最后一次考试的监考官，我在远处看得清清楚楚。"

甲和乙落聘的原因，自然是他们缺乏对工作的责任心，接到任务后不能立即投入执行，看到经理不在身边就开始藏奸耍滑。而丙却表现出了强烈的工作责任心，虽然对经理的安排感到疑惑，但还是马上执行任务，而且在整个过程中，表现始终如一，特别是最后没有因下班时间到了就结束工作，而是坚持将任务完成。丙表现出来的正是一种任何时候都对工作高度负责的精神，这样的员工是每个公司都热切希望得到的。

无论何时，我们都应该尽自己最大的努力去执行。无论身处怎样的境遇，遭遇怎样的困难，都不要寻找借口，都不要放弃行动。只有把责任心放在第一位，才能责无旁贷地承担起任务，才能想方设法、尽一切可能，保证执行的完成和到位。

没有责任心，哪来执行力

阅读思考

（1）请结合肯德基顺利进入中国市场案例，谈谈执行到位与执行不到位的结果为什么是完全不同的？

（2）反省一下，你是一个能"责任到位、执行到位"的人吗？如果不是，你打算如何改进？

5. 细化责任，将每一个环节都执行到位

执行力是一切组织成功的关键，没有执行力，就没有竞争力。企业管理涉及方方面面。从某种意义上说，企业管理是条闭环链，链上的每一环都是影响企业的必要因素。因此，提高企业管理的执行力，必须细化责任，从细节抓起，重视每个环节的管理，做到每个环节都执行到位。

再好的措施、再好的流程，如果执行不到位，也是空谈，还可能造成更大的浪费。那么多人模仿麦当劳，那么多企业学习海尔模式，为什么没出现第二个麦当劳，为什么没出现第二个海尔呢？原因在于没将责任细化到每个环节中，导致执行不到位。麦当劳半小时打扫一次卫生间，你做到了吗？海尔会议室摆的水杯，不管哪次，不管横看、竖看、斜看都是一条线，你做到了吗？

结果是什么呢？我们做了，没做好；我们做好了，只做了一次，没坚持。所以，没有第二个麦当劳，没有第二个海尔。

我们来看看麦当劳是怎样把每个环节都执行到位的。

该公司创始人克洛克曾说过这样一句话："我强调细节的重要性。如果

你想经营出色,就必须使每一项最基本的工作都尽善尽美。"麦当劳的作业手册有560页,在进货、制作、服务等所有大环节中的每一个小环节都有着严格的质量标准,并有着一套严格的规范,保证这些标准得到一丝不苟的执行。其中,对如何烤肉饼一项就写了20多页;面包不圆和切口不平都不用;奶浆接货温度要在4摄氏度以下,高一度就退货;一片小小的牛肉饼要经过40多项质量控制检查;生菜从冷藏库拿到配料台上只有2小时的保鲜期,过时就扔掉。生产过程采用电脑操作和标准操作,制作好的成品和时间牌一起放到成品保温槽中。炸薯条超过7分钟、汉堡包超过19分钟就要毫不吝惜地扔掉。

执行力是指人们主动地创新性地完成上级领导确定的目标和要求的能力,执行力需要员工把上级要求的事项做到位。在规定数量、质量、时间域值内完成。比如,某企业为海外市场配套一个机型,确定了完成日期,而员工推后30多天完成,就是因为执行力不够、不到位,没完成目标和上级交办的任务。

很多企业的经济效益不好,是因为其执行力在某一环节总是出现问题。

执行是一个系统工程,必须层层细分下去,不放过任何一个细节。任何一个环节,必须保证人人执行到位,才能保证总体上的执行到位。一定要记住,一个人执行不到位,会影响整个企业的形象,乃至造成加倍的损失。

海尔产品过硬的质量一直是有口皆碑的,但有段时间,却有一些顾客反映:"为什么送到我家里的产品外表有损伤?"

因此，海尔的部分产品被客户退了回来。

尽管有"外伤"的产品是极少数，但这还是引起了海尔的高度重视，并专门派人到了发货现场，跟踪装车、运输的全过程……

很快，原因就找到了：产品的"外伤"是由于包装箱凹凸不平引起的。于是，海尔立即对包装箱进行改造，很快将问题解决了。

尽管海尔的产品没有任何质量问题，而且有"外伤"的也只是极少数，但对于以高质量、高服务著称的海尔来说，任何一点不完美都可能影响顾客的信任，甚至影响企业的声誉，所以海尔并没有忽视这样的小细节，而是及时将问题解决了，以保证每一个环节都执行到位。

达利园食品公司打算举行一个"建厂10周年庆典及经销商联谊会"的活动。在执行过程中，他们没有丝毫松懈，如会议主题的命名、会场的选择、会场的布置、客户名单的拟定与邀请、发言稿的撰写、会议的时间安排都指派专人把关，场地服务员的筛选、主席台上鲜花的摆放、摄影摄像人员的配合、赠送客户礼品的包装等都一一精确到位。正是因为把每件事都做得精细、做得到位，联谊会获得了巨大成功。

每一个环节都做到位，执行力就不存在问题。要避免因执行工作不到位而引起的前功尽弃，就需要做到：把自己所从事的工作的每一道工序或环节统统写出来，在执行的过程中，认真对照检查，并逐一做好标记，提醒自己已经做了什么，还需要再做什么，不要因为某个环节比较小就不重视。

没有责任心,哪来执行力

执行不到位,往往是细节出了问题。只有将责任细化到每一个细节中,执行才能得到最到位的落实,从而获得最好的工作结果。

💡 阅读思考

(1)为什么要把"每个环节都执行到位"?任何一环没有执行到位为什么都会给企业造成损失?

(2)结合实际工作,你认为如何才能细化责任,以确保执行的每一环节都到位?

6. 高效执行,把责任落实到快速行动上

执行力需要快速行动,衡量执行力需要速度,这是个非常重要的环节。执行力归根结底就是一个速度问题。一件事让一个人做要花7天时间,而让另外一个人做要花30天,这之间的差别是什么?人们讲是效率的问题,其实就是执行的问题。怎样才能有更好的执行,快速行动才是最重要的。

曾经有人问一个非常成功的人士:"你为什么会成功?"

他说:"立即行动!"

继续问他:"你遇到挫折时,怎样处理?"

他说:"立即行动!"

接着问:"难道你困难的时候不会有低潮吗?"

他说:"立即行动!"

还问:"你能不能告诉我不一样的成功秘诀是什么?"

他还是说:"立即行动!"

没错,就是"立即行动"四个字帮助许多人走向成功。

如果你是一个推销员,每天待在家里不出门,那推销业绩不可能找上

门来；如果你是一个编写程序的程序员，天天盯着电脑发呆，而不去做，那肯定一无所获；如果你是一个企业家，整天坐在办公室里订计划，拟方案，而不去实施，那宏伟目标只能建筑在海市蜃楼上。

很多人在做事的时候根本没有行动力，所以他们一直无法成功。

有效执行的一个秘诀就是该做的事，立即去执行。比如，领导有什么安排，立即去执行；客户有什么要求，立即去执行。要知道，工作成绩是执行出来的。

莎士比亚曾经说："放弃时间的人，时间也放弃他。"不论做什么，要抓住工作的实质，当机立断，立即行动，毫不延缓，这才是真正的执行精神！立即执行是一种习惯，是一种做事的态度，也是那些有责任心的人共有的特质。

在快速变化的市场环境下，企业的执行力已成为企业的核心竞争力。在某种程度上讲，关键不在于你做什么，而在于你如何做，如何尽快地做好！

以速度求胜是海尔人的共识，在海尔到处可见"迅速反应，马上行动"这一标语，这是海尔要求每个员工必须具备的工作作风。海尔人正是靠着高速度、高效率的工作作风来赢得客户、扩展市场的。

前不久，世界500强之一的汽车零部件公司德国博世集团上海分部遇到了一个难题。该公司给奥迪提供配套的一款新车即将上市了，可原来给他们加工零部件的上海一家供应商速度太慢。

博世急得团团转，找遍了上海与周边地区，也没一家供应商能给他们加工。

这时，博世的一个合作伙伴提了一个建议："我们的模具在海尔加工，速度快。听说海尔也有一个加工注塑件的中试事业部，他们速度或许应该快！"

因为需要速度，博世找到了中试事业部的市场部。市场部部长谭伟宏一听，兴奋极了："'速度'正是我们的优势！"

谭伟宏在一番精心准备后，与博世做了交流。

客户提出的要求很急："你能三天之内拿出这次注塑件合作的详细方案吗？"

令博世想不到的是，谭伟宏回来后发动团队力量，与客户同步运作，仅用一天就拿出了一套完美的方案。在行业内，最快的时间也要三天。

方案拿出来以后，因为客户的订单很紧，又提出要五天之内供货。

五天？一般企业至少需要十五天。谭伟宏没有退缩，而是又进行了仔细的分析：如果按照正常程序，来来回回确实要半个月。何不把客户的检验人员直接请到我们现场来呢？这样不就省掉因为检验而耽误在路上的一大部分时间吗？谭伟宏把这个想法和客户做了沟通，客户马上同意了谭伟宏的意见。

三天之后，客户拿到了货。

当博世高层领导知道了这件事，当即决定，与海尔中试事业部建立长期合作伙伴关系。

在海尔的成长历程中，速度一直是抢占先机的武器之一。

"快鱼吃慢鱼"时代，对企业执行力的速度提出了更高的要求，没有速度要求的执行力，不可能为企业在如此激烈的市场竞争中获取竞争优势。特别是在信息技术和互联网技术广泛应用的情况下，决策的速度进一步提高，要求执行力必须尽快跟上决策的速度。

执行力最本质的特性，就是行动力。企业员工，在接受任务后要做的第一件事情，就是马上行动，立即执行，直奔目标。在完成任务过程中，如果遭到了阻碍，不是坐以待毙，而是行动、行动、再行动。

只有始终抓住执行力的本质，养成"立即行动"的行为习惯，保持"言必信，行必果"的工作态度，才能形成从个人到部门乃至全公司上下超强的执行力闭环。

在日常工作中，我们该如何做才能促使自己立刻行动呢？

（1）尽量减少自己的顾虑。顾虑多的人容易失败。因此，企盼"万事俱备"后再行动，你的工作也许永远没有"开始"。一旦陷入"万事俱备"的泥淖，你将不知所措，无法定夺何时开始。

（2）马上去做。马上去做是现代成功人士的做事理念。很多企业之所以能取得今天的成就，不是事先规划出来的，而是在行动中一步一步不断调整和实践出来的。规划的东西是纸上的，与实际总是有距离的，规划可以在执行中修改，但关键还是要马上去做！

（3）迅速做出决断。如果想在第一时间完成工作，就必须在很短的时间内做出决断。虽然迅速决断可能会让我们犯错误，但是拖拖拉拉、犹犹豫豫会让我们失去很多机会。

因此，如果你已做了一个决定，就要立即行动。

阅读思考

（1）为什么说"执行力需要快速行动"？快速行动能为企业和个人带来哪些好处？

（2）接到任务后，你会立即行动吗？你打算如何来增强自己的行动力，把工作执行到位？

7. 责任不分大小，关键在于落实

没有落实的责任就是无效责任。无论责任是大是小，只要没有落实到位，一切都是空谈。

有这样一个故事。

很久很久以前，有一个国王带着自己的军队抵抗邻国的入侵，但经过多次奋战之后，他的军队溃散了，国王伪装成一个牧羊人逃进了森林。饥饿疲惫的国王看到了一间伐木人的小屋，便去敲开了小屋的房门，开门的是伐木人的太太。

国王向她乞求一些食物，并请求留宿一夜。国王的外表太寒酸了，伐木人的太太并不知道他真正的身份，她对国王说："如果你能帮我看着这些放在炉子上的蛋糕，我就给你吃一顿晚饭。我要出去挤牛奶，小心看着蛋糕，在我出去的时候不要让蛋糕烤焦了。"

国王答应后靠着火炉坐了下来。他全神贯注地看着蛋糕，但没过多久，他的脑袋里就满是他自己的烦恼：怎样重整自己的军队，之后，又如何抵御敌人的攻击？他想得越多，就越觉得希望渺茫，甚至他开始相信再继续奋战下去也是没有用的。国王忘了看蛋糕的事。

过了不久，伐木人的太太回来了，她看到满屋子都是烟，蛋糕变成了烧焦的脆片，而国王坐在火炉旁，出神地看着火焰，根本就没意识到蛋糕烤焦了。

伐木人的太太生气地喊道："你这个懒惰没有用的家伙，看看你做的好事，你让我们都没有晚餐吃啦！"国王从自己的思考中回过神来，只是惭愧地垂着头。

刚好伐木人回来了，他认出了国王。他对太太说："你知道你骂的是谁吗？这是我们高贵的国王。"

他的太太吓坏了，她跑到国王的身前跪下，乞求国王的原谅。

国王请她站了起来，说："你骂的没错，我说我会看好蛋糕，而我却把蛋糕烤焦了，我被你骂是应该的。任何人要是接受了一个责任，不管责任大小都应该去完成。这次我搞砸了，但不会有下次了，我要去完成我做国王的责任。"

那之后没几天，国王就重整他的军队，打败了敌人。

通过这个小故事我们明白了：在做任何一件事的时候，都要有很强的责任心。岗位不分高低，责任不分大小，关键在于落实。在一个企业的内部，不同岗位的人拥有不同的岗位职责，每个人都不应该因为老板不在或者没有人监督，就放松了岗位职责对自己的要求。忠于职守是一个员工价值和责任心的最佳体现。

老刘是个退伍军人，几年前经朋友介绍来到一家工厂做仓库保管员，虽然工作只是按时关灯、关好门窗、注意防火防盗等，但老刘做得超乎常人的认真，他不仅每天做好来往的工作人员提货日志，将货物有条不紊地码放整齐，还从不间断地对仓库的各个角落进行打扫清理。

三年下来，仓库居然没有发生一起失火失盗案件，其他工作人员每次提货也都会在最短的时间里找到所需的货物。就在工厂建厂20周年的庆功会上，厂长按老员工的级别亲自为老刘颁发了5000元奖金。好多老员工不理解，老刘才来厂里三年，凭什么能够拿到这个老员工的奖金？

厂长看出了大家的不满，说道："你们知道我这三年中检查过几次咱们厂的仓库吗？一次没有！这不是说我工作没做到位，其实我一直很了解咱们厂的仓库保管情况。作为一名普通的仓库保管员，老刘能够做到三年如一日地不出差错，而且积极配合其他部门人员的工作，对自己的岗位忠于职守，比起一些老员工来说，老刘真正做到了爱厂如家，我觉得这个奖励他当之无愧！"

可以想象，只要在自己的位置上重视自己的工作，真正领会到责任的重要性，百分之百负责地完成自己的工作，这样的员工迟早都会得到加倍的回报。

同样是一份保管员的工作，有人在工作失误后仍然振振有词，而有人可以几年如一日，在平凡的岗位上做出不平凡的贡献。他们之间的能力并没有什么区别，重要的区别在于前者责任意识缺失。

在责任面前每个人都应该认识到，责任不分大小，关键在于落实。不落实组织的决策，就是对组织的不负责；不把自己的工作做好，就是对自己前途的不负责。

因此，每个人无论面对的责任是大是小，都应该认真落实好自己的责任。

没有责任心,哪来执行力

阅读思考

(1)"责任不分大小,关键在于落实",你认可这句话吗?在工作中,你认真落实好自己的责任了吗?

(2)看了国王的故事,你明白了什么道理?

第 7 章 增强责任心的六大修炼

1. 少一份抱怨，多一份责任

几乎在每一个企业和组织里，都有一些"抱怨族"和"牢骚族"。这些人牢骚一大堆，积怨满天飞。他们动辄抱怨薪水太低、付出太多，被老板盘剥，替别人卖命，是别人赚钱的工具；或者感叹自己才高八斗、学富五车，可是总得不到老板的赏识，可惜自己这匹千里马，没有遇到识才的伯乐；抱怨工作乏味，抱怨公司的老板苛刻；抱怨工作时间过长、工作太辛苦，抱怨工作量大且与收入不对称；抱怨考核制度不公平；抱怨公司管理制度过严……

在现实世界中，有些人虽然受过很好的教育，并且才华横溢，但在公司里长期得不到提升，为什么呢？主要是因为他们不愿意自我反省，总是怀疑环境，对工作抱怨不休。工作中时常表现出这样的情况：一项任务交代下来后，如果上司不追问，结果十有八九不了了之；有些事情，如果上级不跟踪落实，就很难有令人满意的反馈；还有的人面对布置的工作常常只会睁大眼睛，满脸狐疑地反问上司"怎样做"、"这事我不知道"。抱怨的人很少积极想办法去解决问题，不认为完成工作是自己的责任，却将诉苦和抱怨视为理所当然。

一味地抱怨会使人的思想摇摆不定，进而在工作上敷衍了事。抱怨使人思想肤浅，心胸狭窄。一个头脑中装满了抱怨的人是无法想象未来的。抱怨只会使他们与公司的理念格格不入，更使自己的发展道路越走越窄，最后一事无成。

每一个公司里，总有一些只知抱怨而不认真工作的人，他们从不珍惜自己的工作机会。他们在日复一日的抱怨中，徒增岁长，而技能没有丝毫长进。更可悲的是，抱怨者始终没有清醒地认识到一个严酷的现实：在竞争日趋激烈的今天，工作机会来之不易。不珍惜工作机会，不努力工作而只知抱怨的人，总是排在被解雇者名单的最前面，不管他们的学历有多高、他们的能力是否能够满足基本的工作要求。

肖一大学毕业后就进入一家著名公司，他的同学和朋友都很羡慕。他本人也多次扬扬得意地说："你们就等着看吧，公司将会因我而改变，总有一天公司将会以我为荣。"

肖一以为公司将会把他安排在管理岗位上，却没想到被安排到车间做维修工。维修工作很脏、很累、很不体面，干了几天，肖一就开始抱怨："让我干这种工作，真是大材小用！""维修这活太脏了，瞧瞧我身上弄的！""真累呀，我简直讨厌死这份工作了！"于是开始藏奸耍滑，懈怠工作，每天都是在抱怨和不满的情绪中度过。

三个月后，跟肖一一同进入公司的同学被提拔到了管理岗位，肖一得知后大惑不解，又开始抱怨："老板为什么不重视我？我什么时候才能脱掉这身油乎乎的工作服？"后来他工作起来更加消极，一开始偷懒还躲着主管，到后来竟然当着主管的面开起了小差。

一天，公司接到了一份很大的订单，只有开足马力生产才能完成。为此公司要求维修工对设备进行检修并严阵以待，保证设备正常运转。肖一敷衍了事地应付，留下了隐患，导致在生产最忙碌的时候设备出了故障。经过全体维修工抢修，还是耽误了生产，延误了交货日期，公司为此遭受了严重损失。肖一却抱怨说："都是设备老化惹的祸，谁也无能为力。"

年底公司裁员，肖一被裁掉了。临走的时候，肖一还在抱怨："为什么倒霉的总是我？"

他希望能得到同事们的同情，但是谁也不屑答理他。真正有工作责任心的人，总是视抱怨如瘟疫，避之唯恐不及。

一个人如果整天带着抱怨的心情工作，不但工作效率低难有成就，还会影响自己的身体健康。长此以往，吹毛求疵、抱怨和牢骚的恶习，会将他卓越的才华和创造性的智慧悉数吞噬，使之根本无法独立工作，最后成为没有任何价值的员工。因此，一个人一旦被抱怨束缚，不尽心尽力，应付工作，在任何单位里都是自毁前程。

有位企业领导者一针见血地指出："抱怨是失败的一个借口，是逃避责任的理由。这样的人没有胸怀，很难担当大任。仔细观察任何一个管理健全的机构，就会发现，没有人会因为喋喋不休的抱怨而获得奖励和提升。这是再自然不过的事了。想象一下，船上水手如果总不停地抱怨：这艘船怎么这么破，船上的环境太差了，食物简直难以下咽，以及有一个多么愚蠢的船长，等等。这时，你认为，这名水手的责任心会有多大？对工作会尽职尽责吗？假如你是船长，你是否敢让他做重要的工作？"

我们不少人在不如意时，常常怨天尤人、愤愤不平，却很少从自己身上找原因。其实，如果能培养自己的责任心，让自己集中精力投入到工作中，在任何平凡的岗位都能获得不平凡的成绩。

曾看到这样一个故事。

陈凤在一家报社做记者工作，一晃十多年过去了，一直都没有什么太大的变化。陈凤对自己的工作很不满意，甚至考虑过要辞职，但又害怕辞职后一旦找不到合适的工作，会面临失业问题。犹豫再三，陈凤自我安慰一番，打消了这个念头，决定就这样混下去。

有一天，她和一个朋友聚会，又在餐桌上抱怨自己的工作环境。这位朋友一脸严肃地说："造成现在这种状况，你思考过原因吗？你尝试过了解你的工作、从内心深处对这份工作有一种责任感吗？你是否在工作中，真正把它当成一项伟大的事业而认认真真努力过？如果你仅因为对目前的工作职位、薪水感到不满而辞去工作，你也就不会有更好的选择。如果你真正这样努力尝试过之后，依然没有什么改观，再辞职也不迟。"

这位朋友的一番话对陈凤的触动很大，她尝试着让自己重新开始，以对工作负责的态度去处理自己的工作。结果，感觉和效果与以前大相径庭，不满情绪也渐渐消失了，很快得到了上司的提拔和重用。

身在职场，你的抱怨不仅解决不了问题，还会让你的情绪变得越来越糟，还会让你在工作中更加被动。与其如此，不如告别抱怨，带着责任心去工作。

少一份抱怨，多一份责任；与其抱怨，不如改变自己。你自己改变了，一切就会有改观。

没有责任心，哪来执行力

阅读思考

（1）你是一个"抱怨族"和"牢骚族"吗？抱怨给你带来了哪些好处和坏处？

（2）看了文中的两个故事，你受到了哪些启示？你打算如何告别抱怨，带着责任心去工作？

2. 以感恩心做人，以责任心做事

感恩是一种精神、一种美德，是做人的基本条件。

感恩图报是一种良好的心态，也是一种奉献的精神，当你抱着这种心态去工作时，就会工作得更愉快，工作也会更出色。

做人要有一颗感恩之心，感恩世间种种给予，以感恩的心来看待世界，这是做人的基本原则；做事则要怀着责任心，以主动负责的积极态度做任何一件事。现实中，那些漠视责任、没有责任心的人早已将感恩的情怀丢掉，他们也最终会成为被企业甚至被社会抛弃的人。

赵新是某集团公司的员工，自从到公司后一直都非常努力，并取得了突出的成绩。老板非常赏识他，他成了老板跟前的"红人"。很快，他被提拔为销售部经理，工资一下子翻了两倍，还有了自己的用车。

刚当上经理那阵子，赵新还是像未做经理之前那样努力，每一件事情都做得尽善尽美。

"你犯什么傻啊？"不断有人这样对他说，"你现在已经是经理了，再说老板并不会检查你所做的每一件事情，你做得再好，他也不知道啊！"

在多次听到别人说他"犯傻"的话后,赵新变得"聪明"了,他学会了投机取巧,学会了察言观色和想方设法迎合老板,不把心思放在工作上,而是放在揣摩老板的意图上。如果他认为某件事情老板要过问,他就会将它做得很好;如果他认为某件事情老板不会过问,他就不会做好它,甚至根本就不做。

终于,在公司的一次中高层领导会议中,老板发现赵新隐瞒了工作中的很多问题,并且变得不认真工作了,一怒之下,就把赵新解聘了。

赵新被解雇,原因不在于其能力不济,而在于他责任心不强。对责任的漠视使赵新逐渐对公司失去了感恩之心,结果使自己成了被企业和社会所抛弃的人。

工作中,一个人要想赢得老板的信任和尊重,就应该怀有感恩之心,勇敢地承担起责任。一个人即使没有良好的出身、优越的地位,只要他能够勤奋地工作,认真、负责地处理日常工作中的事务,就会赢得别人的敬重和支持。反之,一个人即使高高在上,却不敢承担责任,不懂得感恩,丧失基本的职业道德,便会遭到他人的鄙视和唾弃。

责任心是职场最重要的素质之一,感恩心是职场努力工作的最大动力,两种力量相辅相成,共同汇集成推动自身和企业向前发展进步的强大动力。

媒体曾报道过一个以感恩心做人,以责任心做事的典型人物吴定军。

吴定军是天津市津宝乐器公司一分厂厂长,他是一个懂得感恩的人。他感谢领导对自己的信任,感谢同事对自己的帮助,感谢下属对自己的支持,感谢家人对自己的体谅……感恩的心使他充满了动力,激发了巨大的潜能。

他在工作中不仅制定了自己独创的一套生产经营思路，而且带领员工在技术开发上屡屡创新。

吴定军深知现在企业生存靠的是新产品、新技术闯市场。如果在技术革新、创新方面走在他人后面，那么企业只有倒闭一条路可走。于是，在工作中他带领工程技术人员不断钻研和探索。

吴定军常说："我们国家资源有限。我们要卖技术赚钱，不要卖资源赚钱。"通过摸索、试验，吴定军和他所带领的技术人员先后改进装配、工艺，引进先进设备100余项，使产品中多个基础配套零件的生产技术和成本的各项指标走在了全国同行业的前列，节约了大量工时和能源。在原材料价格平均每年上涨30%的情况下，达到材料消耗每年平均下降1%。

吴定军带领一分厂员工大胆改革：采用装配流水线，在节省空间的同时还避免了产品磕、磨、划、碰等质量问题的频繁出现；静电喷涂自动流水线设备的投入使用，不但使效益增加10倍左右，而且当年投入使用，当年就见效益；木鼓帮打孔制作传统工艺是钻头打孔，在吴定军的带领下，员工们积极探索，试验用冲压机打孔，效率提高了3倍，质量大有改进，这在国内外尚属首例。

领导在谈到一分厂的时候，总是情不自禁地说："一分厂少不了老吴啊！"而吴定军谦虚地说："我能有今天的业绩，要感谢上级与同事们对我的信任。"

当我们怀着一颗感恩的心去工作时，不仅为企业实现了最大化的经济效益，也可以为自己提供更多的发展机会和更广阔的发展空间，最终使自己成为那个不可替代的人。

阅读思考

（1）"以感恩心做人，以责任心做事"，你认同这句话吗？为什么？

（2）以感恩心做人，以责任心做事，这样的处世态度，会给我们的生活和工作带来哪些好处？

3. 聚焦责任，把每件事都做到位

我们常说要追求卓越，其实卓越就是苛求细节的具体表现。只要我们认真从自己做起，从日常的每一件小事做起，并把它做到位，就可以达到卓越的境界。

然而，在现实生活中，想做大事者比比皆是，但愿意把小事做到位的人却少之又少。下面这个故事中的主人公就没有把"小事"做到位。

一家著名国际贸易公司高薪招聘业务人员。在众多的应聘者中，有一位年轻人条件最好，毕业于某名牌大学，又有三年专业外贸公司的工作经验。因此，当他面对主考官的时候显得非常自信。

"你原来在外贸公司做什么工作？"主考官问道。

"做花椒贸易。"

"以前花椒的销路非常好，可是最近几年国外客商却不要了，你知道为什么吗？"

"因为花椒质量不好。"

"你知道为什么不好吗？"

年轻人想了想，说道："一定是农民在采集花椒的时候不够细心！"

主考官看了看他，说："你错了。我去过花椒产地，采集花椒的最佳时间只有一个月。太早了，花椒还没有成熟；太晚了，花椒在树上就已经爆裂了。花椒采好后，要在太阳下暴晒一整天，如果晒不好，就不能称为上品了。近几年来，许多农民图省事，把采集好的花椒放在热炕上烘干。这样烘出来的花椒虽然从颜色上看起来和晒过的花椒差不多，但是味道就相差很远了。"

"一个好的业务员要重视工作中的各个细节，认真地把每件事都做到位。"主考官说。

这个各方面都非常优秀的应聘者就这样被拒之门外了。

在工作中有些人虽然肯努力、肯牺牲，但是由于对工作中的细节没有把握透彻，没有将工作做到位，所以始终也实现不了成功的梦想。

把小事做到位，是一种认真的态度和负责的精神，丰田汽车社长认为，其公司最为艰巨的工作不是汽车的研发和技术创新，而是生产流程中一根绳索的摆放要不高不矮、不偏不歪，而且要确保每位技术工人在操作这根绳索时都无任何偏差。

家乐福召开秋季产品订货会，由于工作做得细、做得透，使营销业绩猛增至平常订货会的5倍。这样一个订货会，家乐福并没有什么特别诱人的促销方案，也没有请大牌明星到会捧场，唯一可以圈点的，是他们对细节的关注和秉持。

首先是周密的计划。为了这次秋季订货会，家乐福提前一年在国内选择了一个市场作为试点，全程拍摄了录像作为资料，并且做了很多详细的研究。市场推广部也在这些工作的基础上，制作了厚厚的一本《订货会操作流程手册》，将所有战略和战术的细节量化。

在订货会之前，主办者又一起去了订货会现场查看，一起参与会场布置、会议安排、事先的预演。不仅如此，在开订货会前，又再次和经销商开了几次准备会议，对展会流程、会场布置、人事安排、客户邀请、模特选择、时间安排以及可能会出现的问题的解决方案等都进行了充分的讨论。会议开始前一天，他们按照计划布置好了会场，又详细地将所有人员的工作重新确认了一下，对物料和会议资料重新做了检查，所有的会场设施和宾馆服务人员的工作时间也做了确定。最后，又将第二天的程序全部预演了一遍，确保第二天的订货会万无一失。

一个人无论从事何种职业，都应该努力把小事做细、做透，这不仅是工作的准则，也是人生的准则。

阅读思考

（1）故事中的应聘者为什么被拒之门外？

（2）你是一个注重细节，将小事做细、将细事做透的人吗？

（3）在工作中，为什么要"聚集责任，把每件事情做到位"？谈谈你的体会和认识。

没有责任心，哪来执行力

4. 树立信心，冲破"怕承担责任而拒绝任务"的思想束缚

怕承担责任而拒绝任务的心理是工作中的绊脚石。

我们先来看下面的故事。

李燕是一家科技公司的总经理，在她的职场道路上有一件事情让她终生难忘。

李燕曾经是一家公司行政部的小职员。有一天，公司同事要她帮忙解决一个难题，但是由于某些原因李燕一直没有做。直到行政总监检查工作时，李燕还是没有帮他完成。当行政总监问起时，李燕说了这样两句话："这个工作我以前没做过。上一个项目时，这个工作是另外一位同事做的。"仅仅这简单的两句话就暴露出当时的李燕不敢承担责任的心理。于是，行政总监一针见血地指出了她的这个弱点，并狠狠地批评了她一番。李燕牢牢记住了这件事，并深刻地反省了自己。

后来当别人问起她这件事时，她总是很感慨地说："现在仔细想想，当时的自己确实是在逃避责任，害怕承担责任。我要感谢当时的行政总监。"

"这个工作我以前没做过",其实这是一种很不负责任的托词。

请对照自查,看下面这些现象在你的工作中是否存在。

"不是我不想做,是我的能力不够!"

"我经验太少,还是交给更有经验的人去做吧!"

"我以前又没做过,怎么可能做得对!"

"那不是我擅长的,我还是不要轻易尝试!"

"一下子把我放到那样的位置上,我恐怕胜任不了!"

"我可不敢担这样的重任,万一做不好怎么办!"

"我又不是这方面的专家,怎么可能懂得那么多!"

"还是交给小张去做吧,他比我学历高。"

"小李比我有经验,让他去做更适合。"

"这样的目标对我来说太高了,以我的能力,肯定做不到。"

实际上,"我没干过,没有经验",不代表你谦虚,只能说明你心虚,因为这是在给自己的逃避、偷懒行为找借口。

美国胡佛经济研究所对多个大公司CEO的调查表明,CEO们最欣赏的,就是那些主动要求做某项新工作、接受新挑战的员工。无论能否做好,至少这些员工比那些只会被动接受工作的员工更令人欣赏,因为他们有勇气、有信心,而且会从尝试中学习更多的经验,增长更多的才干。

承担的工作越富有挑战性,工作就越有效率。承担艰巨的任务是锻炼自己能力难得的机会,长此以往,你的能力和经验会迅速提升和积累。在完成这些艰巨任务的过程中,你可能会经过一些磨难,但磨难会让你变得更加成熟。

陈军刚到深圳一家机械装备公司做业务员，因为还在试用期，所以没有机会承揽多少业务。总经理从某些渠道得知，西部地区某小城可能需要他们公司的机械设备产品，就有意选派人员前往。大家都知道这项任务绝非美差，当地的生活条件艰苦不说，工作上还很难出成绩。于是，大家纷纷找理由推诿，有的说自己手上的业务要跟进，有的说家里有事不能离开。陈军向来有不服输的性格，就主动揽下了这项艰巨的任务。

到了那儿，陈军才发现，当地的情况比想象中的还要糟糕，在小城出差的日子并不如意，真令人有度日如年的感觉。更让陈军灰心的是，在该城联系的几家工厂，都拒绝采购他们的产品，虽然陈军尽了最大的努力，但只有一家签了初步合作的协议。

回到单位后，因为陈军敢于接受高难度的工作任务，不推诿逃避，老总并没有责怪他，恰恰相反，还对陈军的工作给予了肯定，认为他有进取心，责任心强，敢于接受挑战。试用期一过，陈军就顺利地转为正式员工。这以后，陈军工作上更加积极，公司也对他青睐有加。很快，陈军就独当一面，被公司任命为一家分公司的经理。

不要拿"我没干过，没有经验"之类的话做借口，工作的过程本身就是一个学习过程。不怕干不了，就怕不去干。不敢去尝试的员工，永远也开创不了新天地，只能在自己狭小的世界中徘徊。

企业在发展的过程中，可能会遇到新情况、新问题，如果不及时应对和解决，会给企业发展带来很大的影响。这些新问题可能是企业没有遇到过的，企业缺乏解决这方面问题的经验。这时候，如果你敢于接受新任务，有挑战的勇气，对企业而言可能是巨大的帮助。

有一家小规模的工厂，一直从事一些简单的塑料产品生产。但是，市场上这样的产品已经非常多了，这家工厂的产品虽然还有销路，却没什么利润，处于维持生存状态。

有一天，厂长在一本杂志上看到国外出现了一种新的塑料制品，这种制品在国内市场还是空白，预计在国内生产会带来很大的收益。但是生产这种产品的机器国内没有，该产品在国外也申请了专利。对这家处于起步阶段的小工厂来说，别说去国外买机器不可能，那笔专利费也拿不出。新的希望眼看就要破灭了，厂长想到了厂里的销售员小王。

小王虽然不是搞生产的，但在这行的经验比别人都丰富，对产品的生产过程也熟悉，脑子也很灵活。当时这家工厂连一个技术员也没有，工人们按照旧模式从事简单的操作，厂长希望小王能当技术员，研究出生产那种新型产品的方法。当小王听了厂长的意思后，硬着头皮把这事应承下来。他天天拿着那本杂志在厂房里琢磨，想办法改装现有的机器。他吃睡在厂房里，不断地研究和试验，经过几个月的努力，居然生产出了新产品。新产品上市后大受欢迎，短短几个月的时间就让厂里获利丰厚。

小王本来技术水平非常有限，完全是迫于无奈才做这件他完全不熟悉的工作。但他不怕吃苦受累，不怕挫折和压力，最后创造了奇迹。

有些员工在面对一项艰巨的任务时，总是担心出现差错被追究责任而缩手缩脚，不是找借口将任务推掉，就是事事请教上司，让上司做决定，一旦出现差错，就竭力推卸责任。他们只做一些没有挑战性的、约定俗成的工作，这些工作简单得几乎不可能犯错，似乎这样他们展示给老板及同事的形象就是完美无缺的了。实际上恰恰相反,这是一种极不负责任的表现,是缺乏自信心和进取心的真实写照。没有一个老板敢把任务放心地交给这样的员工,没有一个同事愿意跟这样的员工合作,他们最终也将成为公司的弃儿。

要冲破"怕承担责任而拒绝任务"的思想束缚,首先要树立起强烈的自信心。一个人具备了强烈的自信心,就会无所畏惧,即使任务再艰巨,也会坦然接受。在面对困难、担心犯错被追究责任的时候,要不断鼓励自己:"我一定能行!凭我的能力一定会完成任务!即使失败了也不可怕,那样我会吸取教训,下次完成得更加完美!"其次要认真分析面临的问题,仔细考虑采取怎样的方式或方法才能够解决问题,并及时通过学习来弥补能力上的缺陷。而且,强烈的自信心会激发你的潜能,使你超水平发挥,原本很棘手的问题也会迎刃而解。

责任心是我们战胜工作中诸多困难的强大精神力量,它使我们有勇气排除万难,甚至可以把"不可能完成"的任务完成得相当出色。不敢承担高难度的工作任务无疑是对自己的潜能画地为牢,同时也会导致自己的天赋得不到最充分的发挥。当责任和自信联系起来时,员工的挑战性是超越一切的,能力也会得到超常发挥。

不要因为害怕承担责任而拒绝任务。一位成功的企业家曾这样描述自己心中的理想员工:我所需要的员工是具有进取精神、敢于承担高难度工作任务的人。而那些勇于向高难度工作挑战的员工始终在人才市场上因稀少而相当抢手。

当你羡慕那些有着杰出表现的同事,羡慕他们深得老板器重并被委以重任时,你一定要明白,他们的成功绝不是偶然的。你仔细观察就会发现,这些员工具有勇于负责、敢于承担艰巨任务的精神。

阅读思考

（1）你有过"怕承担责任而拒绝任务"的经历吗？当时你是如何逃避和推诿这一任务的，最后出现了什么样的结果？

（2）怕承担责任而拒绝任务的人能得到老板的器重吗？为什么？请列举你身边的情况加以阐述。

5. 责任不分分内和分外

我们是不是经常听到类似这样的声音：

"这不是我的事，我才不管呢！"

"千万别多揽事，多一事不如少一事。干得多，错得多，何苦呢？"

……

他们认为只要把自己的本职工作做好，把分内的事做好，就可以万事大吉了。其实，责任是没有内外之分的。分内事要做好，分外事只要有能力也一样要做好。

在工作中，面对可做可不做的分外事，有的人选择了做，而另一些人选择不做。总是选择不做的人，表面看来并非犯了多大错误，事实上却非常不明智。这种人不但无法向企业领导证明他对企业的关心和热爱，更无法证明他对企业的责任心和敬业心。相反，常常主动做一些分外事的员工，不仅显现了他们对企业的热爱，还展现了高尚的主人翁精神和责任心。

董明珠作为格力品牌的"代言人"，在国内的名气同"打工皇后"吴士宏不相上下。她凭什么能成功？

凭的就是把分外事也当作分内事的那种干劲。

董明珠刚加入格力,被派到安徽芜湖做市场。她的前任留下了一个烂摊子:货给了经销商,几十万块钱却没有收回来。公司并没有把收款的任务交给董明珠,所以她完全可以不管不问,专注地开拓自己的业务。可董明珠却认为:自己是公司的一分子,别人欠公司的钱,自己有责任把它要回来。就这样,她跟那家不讲信誉的经销商硬磨上了,经过几个月的努力,钱虽没要到手,但货要回来了。当货搬上卡车的时候,她冲着那家经销商说:"以后再也不跟你们做生意了!"

这次"狗咬耗子"的要债行为让公司看到了董明珠的强硬和她的商业才能。很快,她就从数百名业务员中脱颖而出,直至成为销售经理、总裁。董明珠是不折不扣的商界女强人,2017年,她荣获十大经济年度人物。2019年,董明珠位列全球最具影响力女性榜第44位。她走过的路值得我们每一个人深思。

平时能做好本职工作,特殊情况需要时能挺身而出,就是我们平时所说的"干工作不分分内分外"的主人翁精神。真正具有责任心的人,会自觉消除分内、分外的界限。事实上,一个人能够超越别人,成就卓著,往往都归功于做了其他人没有做的职责以外的事。

做好分内的事,是一种责任;主动做好分外的事,也是一种责任,而且是一种更为可贵的责任。特别是当分内工作与分外工作没有实质性区别的时候,无条件地、不计任何回报地把工作做好,则是一种更为难得的品质。

承担工作之外的责任,就会使你有工作之外的收获。下面的故事是最好的佐证。

没有责任心,哪来执行力

一家工厂因为发展的需要,从国外引进了5台工业用的机器,由老李负责技术维护。老李是一位兢兢业业工作了20多年的老技术工人,所以领导很放心。

可是还不到半年,这5台机器就突然坏了,怎么也运转不起来。老李带领技术组找原因,同时也联系了生产该机器的外国技术专家。

外国专家简单地看了一下机器的情况,得出结论:故障是因为工厂工人操作不当引起的,不在保修的范围内。

老李认为,工人完全是按照说明书进行规范操作的,没有不当之处,于是,他向外国专家提出了自己的看法,但是几个外国专家坚持说是工厂工人的责任。

这让工厂的领导很为难:如果承认是工人操作不当引起的故障,那么生产厂家就不保修,5台机器的维修费用就要自己掏,算下来至少得100多万元。可如果不承认,因为自己的技术人员不精通这方面的技术,又提不出有力的证据。

就在领导准备咬牙承担这笔巨大的损失时,老李却拦住了领导,同时,他给领导立下"军令状",一定给工厂拿出证据。他亲自带领几个技术工人,在车间一待就是几天,用各种检测工具从头开始,一点一滴地检查线路。

就在第四天早上,老李在一组线路中发现了问题,这组线路存在的问题足以证明,这5台机器在生产设计时就存在纰漏。

当老李把这组数据放在外国专家面前时,一直趾高气扬的外国专家顿时无话可说。最后,维修费用由机器生产厂家全部承担。

老李为工厂立下了头功,领导提升他为技术总监。很快,老李的事迹就在业内传开了,很多技术工人都以他为榜样,常常有人慕名而来,向他请教各种技术问题。

在工作中，有很多人都会觉得"多一事不如少一事"，反正不是自己犯的错误，没必要承担责任。可是他们没想过，自己和企业是一体的，不管发生了什么事，企业内的任何一个人都有责任。

当你像老李一样能够敢于承担起职责范围外的责任时，企业自然会给予你工作之外的回报，而你的信誉度——这种无法估量的潜在资产，更会给你带来意想不到的收获。

阅读思考

（1）你是个将责任划分为"分内"和"分外"的人吗？遇到"分外"的事，你也能挺身而出去负责吗？

（2）文中的案例带给我们哪些启示？在工作中，我们也应该这样去做吗？为什么？

（3）"责任不分分内和分外"，请结合工作实际谈谈你的认识和理解。

6. 用强烈的责任心点燃工作的激情

哲学家爱默生说:"不倾注激情,休想成就丰功伟绩。"

激情,就是一个人保持高度的热爱,就是把全身的每一个细胞调动起来,完成他内心渴望完成的工作。激情,就是一种强烈的情绪,一种对人、事、物和信仰的强烈情感。

激情是不断鞭策和激励我们向前奋进的动力。在所有伟大成就过程中,激情是最具有活力的因素,可使我们不惧现实中的重重困难。每一项发明,每一项工作业绩,无不是激情创造出来的。

激情的重要性不言而喻:对个人,激情是自我成功的基石;对工作,激情是工作的灵魂;对团队,激情是团队前进的融化剂和助推剂;对企业,激情是企业的活力之源。

激情是一种基本的工作态度,更是一种积极的人生态度。没有激情的人生是灰暗的,没有激情的工作将暗无前途。

一家公司的两名员工在休息室里聊天。其中一个说道:"整天忙来忙去的,全是在为老板干活,可老板还经常说我办事没效率。拿那么一点工资都不够女朋友逛一次商场。每天下班以后浑身腰酸背痛,没精打采。第二天醒来的时候虽然阳光灿烂,但是我的心里却是灰色的。想想一辈子要过这样的生活心里就不是滋味。"

另外一个人非常同情地看着他说:"我很少有这样的感觉。每天我把工作当作自己的事业来做。工作时我身上有一种激情像在燃烧似的,让我精力充沛,效率不错也不觉得累。当然有时我也会遇到一些不如意的事情,心里也会感到些许的不舒服。回去睡一觉,第二天太阳照样升起,又是新的一天。"

这两个人不同的地方就在于工作态度的不同。一个干活的时候充满激情,工作轻松愉快、效率高;另一个只是敷衍了事,工作成了一种煎熬,让他感到生不如死一样。殊不知,激情增加一盎司,工作结果就大不一样。

激情需要点燃,而责任就是点燃激情的火种。一个人之所以对工作缺乏激情,归根结底是对工作缺乏责任心。他们责任意识淡薄,甚至缺失,他们认为工作结果的好坏与自己的关系不大,所以就不会全身心地投入工作,也就更谈不上激情了。而当一个人具有强烈的责任心时,他就会自觉地点燃工作激情,全力以赴地去工作。

一条新闻引起人们的热切关注:2月27日,一位普通工人与众多科学家肩并肩,一起登上我国科技殿堂的最高领奖台,从党和国家领导人手中接过国家科学技术奖的获奖证书,他就是获得"国家科学技术进步二等奖"的一汽大众公司焊装车间高级工人技师王洪军。这位始终保持激情的一线工人,在十几年的工作实践中,发明了40多套、2000多件工具,填补了国内外相关领域的空白,因而被誉为"生产线上的千面观音"。

没有责任心,哪来执行力

熟悉王洪军的人都知道,他是一个对工作充满激情的人。为了掌握车身修复技术,他像着了魔似的,上班练,下班也练,经常干到夜里十一二点。为了实现自做展车的梦想,外籍技师一动手干,他就在旁边仔细看;老外一放下活儿,他就认真记;老外下班了,他就在废件上反复练。经过几年的积累,他终于掌握了高难度展车制作方法。他对制作工具着了迷,由制作Z型钩、T型钩、打板等单件工具,发展到多功能组合工具。

王洪军把激情融入自己生命之中,用烈火般燃烧的热情去学习、去工作、去创造,使自己的生命价值得到升华,在平凡岗位上创造了辉煌。

这种激情来自对工作的强烈责任心。试想,假如王洪军嫌弃钣金整修岗位工作又苦又脏又累,不安心工作,朝三暮四,总想跳槽,就不会有一个又一个发明创造,也不会掌握绝技绝活儿,更不会有如今的辉煌。

在一些人看来,要成就一番事业应该有高起点、高平台,如果工作环境和条件不好、岗位平凡,很难有什么大成就、大作为,因而在自怨自艾中浪费光阴,虚度年华。王洪军的事迹告诉我们,只要干一行、爱一行、专一行、精一行,用责任心点燃自己的工作激情,在平凡岗位也能干出一番事业来。

激情是工作的灵魂,没有激情的工作,就如同一个人没有灵魂。如果你在工作中充满激情,就会有许多意想不到的结果,激情将会把梦想变成现实。

阅读思考

(1)请结合本文中的案例阐述一下责任与工作激情之间的联系。

（2）你是一个拥有激情的人吗？是不是因为有了激情，你的工作比别人更出色？

（3）在工作中，你是不是曾经抱怨过你的工作没有创造性？

（4）你是不是曾经因为缺乏激情而错失过一些机会呢？你打算如何修炼自己的责任心，来点燃自己的工作激情？

第 *8* 章
责任成就事业

没有责任心，哪来执行力

1. 成功的机会隐藏在每一份责任中

成功的"机会"总是藏在"责任"的深处：拥抱责任的人，实际上是抓住机会的人；逃避责任的人，看似世事通达，实际上是放弃机会的人。只有有责任心的人，才能够看到机会究竟藏在哪里。

作为员工，应该记住，责任和机会是成正比的。没有责任就没有机会，责任越大机会越多，责任越小机会越少。所以，拥抱责任就是拥抱成功的机会，要善于挖掘隐藏在责任之中的机会。

当你觉得自己缺少机会或职业道路不顺畅时，不要抱怨他人，而应该问问自己是否承担了责任。

汤姆在一次与朋友的聚会中神情激愤地对朋友抱怨老板长期以来不肯给自己机会。他说："我已经在公司的底层挣扎15年了，仍时刻面临着失业的危险。15年，我从一个朝气蓬勃的青年人熬成了中年人，难道我对公司还不够忠诚吗？为什么他就是不肯给我机会呢？"

"那你为什么不自己去争取呢？"朋友疑惑不解地问。

"我当然争取过，但是争取来的不是我想要的机会，而只会使我的生活和工作变得更加糟糕。"他依旧愤愤不平。

"能跟我说说到底是怎么回事吗?"

"当然可以!前些日子,公司派我去海外营业部,但是像我这样的年纪,这种体质,怎能经受如此的折腾呢?"

"这难道不是你梦寐以求的机会吗?怎么你会认为这是一种折腾呢?"

"难道你没看出来?"汤姆大叫起来,"公司本部有那么多的职位,为什么要派我去那么遥远的地方,远离故乡、亲人、朋友?这可是我生活的重心呀!再说我的身体也不允许呀!我有心脏病,这一点公司所有的人都知道。怎么可以派一个有心脏病的人去做那种'开荒牛'的工作呢?又脏又累,任务繁重而没有前途……"他仍旧絮絮叨叨地罗列着他根本不能去海外营业部的种种理由!

他的朋友沉默了。朋友终于明白为什么15年来汤姆仍没有获得他想要的机会。朋友还由此断定,在以后的工作中,汤姆仍然无法获得他想要的机会,若不改变自己,在责任中寻求成功的机会,也许终其一生,他也只能在等待和抱怨中度过。

成功者不善于也不需要编织任何借口,因为他们能为自己的行为和目标负责,也能享受自己努力的成果。缺少机会,则往往是不愿意付出努力的人用来原谅自己的借口。

在极其平凡的职业中,在极其低微的岗位上,也时常蕴藏着巨大的机会。只要调动自己全部的智力,全力以赴,只要把自己的工作做得比别人更完美,就能发现机遇,推开通往成功的大门。

进入21世纪,主动承担更多责任,已经成为职场人必备的品质。只有勇于承担责任的人,才能得到领导的器重并被委以重任,才能让自己有机会迎接更多的挑战。

"机会在哪里？"这是很多员工经常挂在嘴边的一句话。他们不知道，承担责任，机会就在身边，很多时候，"责任就是机会"，或者说"责任等于机会"。

承担责任要有宽阔的胸怀，因为很多时候，承担责任无异于承担风险。承担责任要有顾全大局的"弃我"精神做支撑，只要为了整个团队的利益，勇敢地承担责任，解决了难题，化解了危机，自然就为自己创造出了发展的机会。

bioLive生物制药公司的总经理曾抱怨说："我们公司有些员工在工作时只想着如何做才会不让自己吃亏，凡事对自己有利就去做，稍微有些风险就害怕承担责任。"

这个总经理为什么这么说呢？原来他确实是有感而发。不久前，公司研发部根据计划准备开发一种新药，可是后来做了几次初步的试验后发现存在一定的风险，眼看年底快到了，为了避免可能的研发失败而影响年终绩效考核和奖金，以及可能要承担的风险责任，研发部就写了份报告，说了一大堆理由硬是取消了这个计划，其实这个计划是很值得做下去的。

我们必须深刻地认识到，责任并非许多人认为的麻烦事，更不是强加在我们身上的包袱，而是通向成功的阶梯。逃避责任的人，看似省得一时之事，却拒绝了发展，更远离了成功。

一个人承担的责任越多、越大，证明他的价值就越大。任何一个老板都清楚，能够勇于承担责任的员工，能够真正负责任的员工对于企业的意义有多大。

丰田在广东地区有三个分厂，一分厂历来管理基础较好，但规模也较其他两个分厂小一些。一分厂的厂长姓石，正是在他的一手经营下，一分厂才有了良好的管理。

后来，董事长决定调石厂长到三分厂担任厂长。

三分厂是公司规模最大、设备最先进，却是管理最混乱的一个厂。之前已经有好几个厂长去了那里，然而都无功而返。因此，得知调动消息时，石厂长很矛盾，不去吧，董事长可能不高兴；去吧，一旦搞砸了，想再回一分厂都不行了。而且，由于多年管理一分厂，一切工作运作程序早就规范了，管理起来早已得心应手。

思量再三，石厂长还是答应调往三分厂，因为他意识到搞好三分厂这一重要责任的后面，隐藏着巨大的机会：如果搞好了，就可以进一步证明自己的能力，就可以从所有分厂厂长中脱颖而出！

半年多时间过去了，原来最混乱、生产能力最低的三分厂，一跃成为整个公司的生产管理标杆，各项指标均占据首位。

责任就是机会，承担起责任的人，不一定马上得到回报，但总会得到成功的机会。此后，董事长决定把三分厂的经营管理权下放给石厂长，并给他年薪80万元。

石厂长不惧怕担当责任，为自己赢得了成功的机会。

在需要你承担责任的时候，勇敢地去承担，你才有望抓住机会。因为只有那些勇于承担责任的人，才能出色地完成工作，才能更受领导赏识和重用。作为一名普通员工，只要具备了勇于担当责任的精神，他的能力就能够得到充分的发挥，他的潜力便能够不断地得到挖掘，同时他的前程也会一片光明。

阅读思考

（1）"成功的机会隐藏在每一份责任中"，你认同这句话吗？请结合身边的例子谈谈你的认识和理解。

（2）在你的职业生涯中，你有过像汤姆一样原本可以成功的机遇吗？当时你把握住了吗？

（3）请说说机遇和责任之间存在一种什么样的关系。

2. 责任心是事业成功的基石

责任心成就个人事业。机会总爱垂青有责任心的人。责任心是职场成功人士的一大亮点，它可以让一个初出茅庐、能力平平的人脱颖而出，迅速成为公司炙手可热的关键人物。一个人要想事业有成，就要树立勇于负责的职业精神。

有这样一个成功故事。

在很多人眼里，张婷的运气似乎特别好。她学的专业在这个行业里并不占什么优势，长相一般，能力也并不出类拔萃，但她在进入公司后短短的两年时间里，在每一个部门都做得有声有色，每一次调动都成为一次提升的机会。

关于她的升迁，有各种各样的说法，大致上都有这么一点，那就是大家总觉得是好运气在眷顾着她，给了她得天独厚的机会，否则她凭什么从人事部文员到营销部副经理、北方分公司总经理，一路绿灯呢！

只有张婷自己清楚，这些成功的机会是怎么得来的。

刚进公司的时候，专业优势不明显的她先被分到行政部，做着一个并不起眼的小职员。张婷不惹是非，只是默默干活。有时，她发现了别人输错了数据,她就悄悄地改过来,从不大肆渲染。领导让她做什么,她就做什么,总是在第一时间做到最好。别人在抱怨工作无趣、老板苛刻时,她却在悄悄熟悉公司的部门、产品和主要客户的情况。在张婷看来,只要人在单位,没有比做好自己的工作、承担自身的责任更重要的事了。

有一次,营销部经理偶尔经过她的办公室,看到她处理一件小事情时表现出的得体和分寸感,就打报告要求她去顶他们部门的一个空缺。

营销部令她的世界骤然广阔起来。同原先一样,张婷依然主动担责任,默默地努力工作。每当累得想要偷一会儿懒的时候,她总是想起父亲的教导:天下没有免费的午餐,一个人想要有多大的事业,就得看他能够承担多大的责任!

由于张婷总是部门里最吃苦耐劳、最能够承担责任的人,她赢得了不少机会,进步得也很快。半年后,她凭借几份扎实的调查分析报告为自己赢得了一片喝彩声。一年后,她便成了营销部举足轻重的人物了。

刚刚荣升营销部副经理不久,老板就问她愿不愿意接受挑战,去情况并不乐观的北方分公司担任分公司副总经理。张婷答应了。

来到北方分公司,她发现分公司的情况比想象中的还要糟糕。张婷选择了库存积压最厉害的第一销售处,开始了她的第一步工作。

寒风凛冽的冬天,她一个人借了一辆自行车,找代理公司产品的代理商,了解产品滞销的原因,寻找突破口。

有一次,她去拜访某局长,无意中听到他同业内另一位局长在打电话,谈论第二天去某风景点开会的消息。张婷回公司后做的第一件事情,就是查找了他们在那里入住的酒店。第二天傍晚,一身旅行装束的张婷与局长们相遇在酒店大堂里,她是来自助旅游的。虽然醉翁之意不在酒,但谁也没有看出来,或者说年长的局长们涵养好,不忍心揭穿她。

几天下来，他们邀请她一起参加活动。再后来，认识她的人同她关系更密切了，不认识她的人也慢慢接纳了她，她的客户名单上增加了强势的一群人。第一张大订单就出现在这群人中。

几个月后，随着张婷的不断努力，情况开始明显好转。同事们的工作激情也被充分地调动起来。半年后，第一销售处不仅解决了库存积压的问题，而且成为北方分公司的销售亚军。这时候，张婷也得到了升迁，成了北方分公司的总经理。

谈到成功，张婷深有感触。她说："有了责任，才能成功。一个人能有多大的事业，往往取决于他有多大的责任心。如果事业舞台是一个圆的话，那么责任心便是这个圆的半径。每名员工只有从心底里真正地对工作负起责任，才有可能得到更多的机会与平台，进而走向成功。"

的确，一个人的成功与他的责任心成正比。勇于承担责任，对成功而言，起着关键的作用。

可以说，一个缺乏责任心的企业是没有前途的企业，一个缺乏责任心的人将会是一个失败的人。工作中，只有意识到我们的责任，承担起我们的责任，我们才会取得事业的成功。责任，是事业成功的基石，是迈向成功的起点。

阅读思考

（1）"责任心是事业成功的基石"，你认同这句话吗？为什么？

（2）看了文中的故事，你受到了哪些启发？你打算如何在工作中担当责任、成就自己？

没有责任心，哪来执行力

3. 承担多大的责任，就有多大的成功

从本质上说，责任是一种与生俱来的使命，它伴随着每一个生命的始终。爱默生说："责任具有至高无上的价值，它是一种伟大的品格，在所有价值中它处于最高位置。"责任是一个人成才、成功的基本素质。没有哪个成功人士是无责任感的人，事实上，只有那些责任心强的人，才能让别人信任，才有可能被赋予更多的使命，才有资格获得更大的荣誉，才能得到社会的认可，才能成就一番事业。

纵观大多数成功人士，他们都具有强烈的责任意识，这种责任意识是他们获得成功的动力。

20世纪70年代，在李·艾柯卡担任福特汽车公司总裁期间，因为他的功高盖主，被董事长亨利·福特二世当作威胁家族事业的眼中钉。1978年7月13日，艾柯卡被亨利·福特二世赶出了福特汽车公司。

此时克莱斯勒汽车公司遇到了空前的危机，公司面临破产的边缘，急需有能力的人才来扭转亏损的局面。克莱斯勒公司董事长约翰·里卡多力邀艾柯卡加盟克莱斯勒公司。

在危难之中，从福特汽车公司退位的艾柯卡接过了克莱斯勒汽车公司

董事长约翰·里卡多的聘书,走马接任了这个即将破产的汽车巨人总裁的重担。

此前,艾柯卡并不十分了解克莱斯勒公司的情况,进入以后才发现,实际情况比他想象中的要困难得多。艾柯卡坐在一间既简陋又冷清的办公室里,他有点后悔了。他甚至想,要是早知道这些情况,自己就不会来了。不过,他是一个具有强烈责任感的经理人,既然来了,他就下定决心担负起自己的责任,背水一战。

艾柯卡大智大勇,开展了惊心动魄、艰苦卓绝的拯救工作。他为收拾这个烂摊子所做的第一步是选准突破口,经过调查,很快摸清了公司的五个致命弱点。

一是纪律松弛。他到任的第一天,就遇到两件令人恼火的事。第一件事是他发现前总裁卡费罗的办公室竟成为人来人往的过道。员工们穿堂而过,连个招呼都不打,没有一点规矩。第二件事是他看到前任总裁女秘书在工作时间随便办私事打电话。再往下看看,基层组织像一盘散沙,士气低落到令人难以置信的地步。

二是管理混乱。公司没有名副其实的管理体制,没有行之有效的规章制度。设计部门与制造部门没有联系,制造部门与销售部门没有联系。财务管理一塌糊涂。

三是人浮于事。公司副总裁竟有35个。艾柯卡形容说:"每个山头都有王爷,各自占地为王。"办起事来互相扯皮,踢皮球。

四是库存积压。公司不是按经销商的订单组织生产,结果导致库存货满为患,库存8万余辆,人们把这种存货叫"销售银行"。为了给汽车找销路,公司每月举行一次减价销售。结果造成经销商对减价的依赖,该买也不买,等待降价,结果造成恶性循环。

五是资金短缺。这一问题是所有问题的焦点，1978年克莱斯勒亏损2.04亿美元，1979年年初，亏损高达11亿美元，积欠多种债务达48亿美元。

经过调查研究，艾柯卡立即着手采取了下列行动，决定利用3年的时间来改变公司的面貌。

第一，下决心"大换血"。艾柯卡每月请走一位自命不凡的副总，先后革掉了33位副总，只留下经营和财务两位副总。对无所事事的员工坚决辞退，同时提拔被埋没的人才，招聘有进取心、有经验、又勤快的新员工入厂。第一年，艾柯卡就裁掉了1000人，首当其冲的是那些毫无经验、被老领导惯坏了的大学生。

第二，高薪聘请在汽车行业有谋略、有头脑的退休"老将"当顾问，认真听取他们的意见。

第三，改变公司的形象、作风、习惯。实行"全员管理，人人有责"，为降低成本、提高质量共同努力，改变懒散风气。

第四，用对手汽车的价格、质量、设计来挑战员工，激发员工的斗志。

第五，不惜一切代价（用1.5亿美元）做广告，使用户震惊，让对手愤怒。

第六，向用户做出惊人的许诺：汽车售出后，先试用3个月，仍决定买其他公司汽车的用户，除退还全部费用外，还赠送50美元。结果，只有0.2%的人退车，而汽车销售厅里买车的人拥挤不堪。

第七，领导班子每人每月1元工资，还要拼命工作。从而带动全体员工自动减薪，同仇敌忾，为战胜对手同舟共济。

艾柯卡临危受命，大刀阔斧推行改革，终在几年内使公司绝处逢生，呈现一派欣欣向荣的景象：1980年公司扭亏为盈；1982年盈利11.7亿美元，还清了13亿美元的短期债务；1983年盈利9亿美元，提前7年偿还了15亿美元政府贷款保证金，发行股票2600万股，仅数小时就被抢一空；1984年盈利24亿美元。艾柯卡立即举办新闻发布会，宣布克莱斯勒腾飞开始。艾柯卡成功了！

一天，他又突发奇想：10年前由于某种特殊原因停止生产的敞篷小车，为什么现在不再试试？为了试试用户的反应，他将改装成的敞篷车开到闹市，人们像警察一样拦住他，询问：在哪里买的？于是他开始在媒体上大做广告，轰动美国，一开市就卖出了2.3万辆。艾柯卡又成功了。

鉴于此，艾柯卡本人一下子成了美国人心中的英雄。1983年的一次美国"最佳企业主管"的民意调查中，艾柯卡以绝对多数票领先；1984年4月，美国《时代》周刊的封面上刊登了他的肖像，通栏大标题是："他说一句话，全美国都洗耳恭听！"此时，甚至有很多美国人都想选举艾柯卡担任美国总统。

很明显，要是艾柯卡在知道克莱斯勒公司所面临的困难后，不愿意担负拯救克莱斯勒的重大责任，而是寻找借口退出这家公司，那他也就不会取得这么大的成就，更不会得到美国人的尊重。正是他敢于担当重任，才成就了传奇般的人生。

一个人承担的责任越大，他获得的成功也就越大，得到的回报也就越多。所以，当责任来临时，我们不应有所畏惧，而是应该勇敢地去承担。唯有承担了比别人更大的责任，才会获得更大的成功。

阅读思考

（1）艾柯卡的成功说明了什么？他的成功能给我们带来哪些启示？

（2）你是勇于承担责任的人吗？勇于承担责任会给你带来什么？

4. 责任能让你成为不可替代的员工

黄金在人类心目中具有崇高的地位,被视为财富的象征,是世界各国公认的国际性货币。

著名经济学家凯恩斯曾形象地概括了黄金在货币制度中的作用,他说:"黄金在我们的制度中所具有的重要作用,是它作为最后的卫兵和紧急需要时的储备金,还没有任何其他更好的东西可以替代它。"

也就是说,黄金之所以地位崇高,是因为它不可替代。

人在职场,能做个优秀员工已不容易,要让自己优秀得像黄金一样不可替代,这绝对是一种高度。要想达到这个高度,需要付出更多的汗水,拥有更多的智慧,更需要拥有超强的责任心。

责任心是一个合格员工必备的素质。没有责任心的员工,不管多有才华,迟早难逃被淘汰的命运。正如德国大众汽车公司的一句训言所说:"没有人能够想当然地'保有'一份好工作,而要靠自己的责任心去争取一份好工作!"

咨询专家邱庆剑曾在一个讲座上讲过这样一个案例。

吕明曾经是一家大型企业的首席信息官,在成为首席信息官之前,他工作非常努力，并做出了突出的成绩，老板非常赏识他，第一年被提拔为策划部经理，第二年被提拔为首席信息官。

当上首席信息官后，吕明拿着丰厚的薪水，驾着公司配备的专车，住着公司购买的豪宅，他的生活品质得到了很大的提升。然而，他的工作热情却一落千丈，他把更多的精力放在了享乐上面。

当朋友问他还有什么追求时，他说："我应该满足了，在这家公司里，我已经到达自己能够到达的顶点了。"吕明认为公司的CEO是董事长的侄子，自己做CEO已是不可能的，能够做到首席信息官就是到达顶点了。

吕明在首席信息官位置上坐了差不多一年的时间，却没有干出一点值得一提的业绩。朋友善意地提醒他："应该提升一下责任心了，这样下去是危险的。"

没想到，吕明竟然说："我是公司的功臣，而且这家公司离不了我吕明，老板不会把我怎么样的！"

他甚至在心里对自己说，丰厚的薪水永远属于我，车子永远属于我，房子永远属于我，没有人可以夺去，因为没有人可以替代我。

的确，公司很多工作都离不开吕明。但是，他的糟糕表现，还是让老板动了换人的念头。终于，在一个清晨，吕明驾着车，和往日一样来到公司，优越感十足地迈着方步踱进办公室里，一份辞退通知送到了他的面前。

被辞退了，丰厚的薪水没了，车子不得不还给公司，而且，他还从舒适的房子里搬了出来，不得不去租一间小得可怜的、上厕所都不方便的小套间。

吕明以为自己不可替代，事实上，天底下人才多的是。就在他被辞退的当天，公司就新招聘了一位首席信息官。

"功臣"依然失业了。这一事例告诉我们,无论是铁饭碗还是金饭碗,如果你的责任心不强的话,都逃不了职位被人抢走,或者被自己、被他人打破的可能。

显然,没有任何一家公司愿意聘用缺乏责任心的人,也没有任何一位老板愿意把重要的工作托付给没有责任心的员工。

无论哪种职业,决定一个人不可替代的根本因素往往不是技术,而是他的责任心。有些人对工作总是抱着敷衍推脱、得过且过的态度,以至于最后丢三落四、漏洞百出。责问原因时,他们却是习惯于轻描淡写地将之归罪于"粗心"!实际上,心之粗细根本就在于有无工作责任心。

一家国有企业经济效益滑坡,企业员工采用轮岗制。李灿是内勤部的打字员,她是个很有责任心的员工。她打字极快,总是提前完成工作,还有出色的编辑修改能力,从来没有错别字,交到她手里的稿件、合同,上级从来不用再修改,因为她打字最快,同时负责质检工作,平时其他打字员的一些错误都是她检查出来的。

轮到她下岗时,并没有因为她的工作出色而例外,还是被安排下岗了。

李灿下岗后,她原来的工作根本就没有人担当得了。单位不得不找两个人来代替原先她一人的工作,而人多了工作就不好协调,引起一定的混乱,代替李灿的员工又经常打错字,甚至有一次竟然把合同打错,给公司招致了较大损失。

企业最后只得把李灿请了回来。老总十分感慨地说:"李灿的岗位,谁也无法替代。这样有责任心的员工,我们公司永远不嫌多。"

对于任何一个职场中人来说,最有意义的事情是提高自己的不可替代性。无论你身居何种岗位，如果能尽职尽责，最后都会获得成功。大凡那些有所作为的人，都是那些在工作中尽职尽责、力求把工作做好、做到位的人。

💡 阅读思考

（1）自以为自己不可替代的吕明为什么依然失业了？这一事例能给我们哪些启示？

（2）扪心自问，你是不是那种别人不可替代的员工？如果是，你就具备了成功的基本条件。如果不是，你应该怎么做才能成为一名不可替代的员工呢？